JN222168

自然と家族が整理しはじめる、

魔法の片付けしつもん術

オンライン片付け専門家
伊藤 かすみ
KASUMI ITO

はじめに

「片付けて」という言葉が部屋を散らかしている⁉

「家が片付かない」「家族が全然協力してくれない」「家をきれいに整えておきたいから、いつも家族に『片付けて！』と言っています。なのに、いっこうに動いてくれません。部屋も片付かないし、いったいどうしたらいいのでしょうか」

オンライン片付けサポートのお客様から、日々、切実なお悩みが寄せられています。悩みが解決しないのは、**家が片付かないのは、あなたが家族に対して「片付けて」と言うからです。**

お子さんやご主人に「片付けて」と言って、今までに家が片付いたことがあるでしょうか。家族は片付けてくれましたか？　もし、そのときは片付けたとしても、またリバウンドしていませんか？　それで結局、また毎日「片付けて」と言わなければいけなくなる展開。家族同士、険悪な雰囲気になってきて、最終的には「もう言ってもダメだわ」とあきらめ、自分ひとりで家族の分の片付けをしている。そんなパターンになっていないでしょうか。

では、どうしたら良いのか？　**解決のカギはすべて、あなたの声かけの仕方にあります。**

私はオンライン片付けの専門家として、オンラインでの片付けサポートや、片付けスクールの運営をしています。これまでに700人以上の受講生と関わってきました。私が出会った、「家が片付かない」「家族が片付けてくれない」とおっしゃる方々は、みな、家族に「片付けて」と言っています。「片付けて」と言っている方が100%と言っても大げさではないほどです。

家が片付いていなければ、「片付けて」と声かけするもの。世間一般的には、そのように考える人がほとんどでしょう。その根本的な部分を変えたいという思いから、この本を書いています。

実は、「片付けて」という言葉では、誰も片付けてくれないのです。たとえば、あなたがいきなり家族から「走れ」と言われたら、どうでしょうか。どうして走らないといけないのかもわからないし、そもそもどこに走ったらいいかわからなくて、フリーズしてしまいませんか？　「片付けて」も、それと同じです。「片付けて」と言われても、言われた側は何をどうしたらいいのかわからないと、動きようがありません。どうすべきかわからなければ、「やらなくていいや」という気持ちになってしまうのも無理はありません。しかも「片付けて」は命令する言い方。人間関係上、なかなかすんなりとは受け入れがたい言葉です。

家族が気持ち良く、家を片付けてくれるようになるには、声かけの仕方が重要です。家族に声をかけるときに、どのように言うか。その言い方次第で、相手の行動が変わります。その声かけの仕方としておすすめしたいのが、**片付けのためのしつもん、「片付けしつもん」です。**

「しつもん」は、「質問」のことです。ですが本書では、あえて「しつもん」と平仮名書きにしています。「質問」と「しつもん」。見た感じの印象が違いませんか？　平仮名のほうが、どこか優しい印象を持つのではないでしょうか。

私の片付けに対する考え方の一つに、**「優しさがないと片づかない」**というものがあります。家が片付くには、優しさが必要。優しい片付けこそが、家族に快適な空間と素晴らしい未来をもたらすと確信しています。

片付けスクールの受講生のみなさんは、講座で学んだ言葉の選び方、声かけの仕方を実践したとたんに、家族が動き出す経験をしています。本書では、その手法をお伝えして、あなたの家が快適になるお手伝いができたらと思っています。

声かけの仕方を変えることで、**家族関係も格段に変わってきます。**片付けスクールの受講生たちは、家が片付くと同時に、夫婦関係、親子関係も改善されてきました。親子や夫婦のコミュニケーションで、片付けも家族の関係性も変わっていくのを、あなた自身の声かけで、ぜひ体感してください。

目次

第1章

あなたは日々、片付けができていますか？

日本の家庭では、家の片付けはお母さんがするもの。まだまだそういうご家庭も多いのではないでしょうか。夫婦二人がフルタイムで働いていたとしても、家の片付けは奥さんがやっている、という話をよく耳にします。これは、戦後の家長制度、または女性の専業主婦時代の名残りかもしれませんね。

もちろん、ご主人が主に家の片付けをしているご家庭もあることでしょう。ところが中には、ご主人から「君が片付けを上手にできないから、僕がやってあげているんだよ」と奥さまが言われてしまうケースもあるようです。言われた奥さまとしては、暗に「君が片付けできれば、僕はやらなくてすむのにね」と責められているように感じるといいます。

毎日家族のために食事を作っている奥さんが、「夫がやらないから、私がやってあげているのよ」と夫に対して言う、なんて話はあまり耳にしないと思いませんか？　しかし、「妻が片付けをやらないから、僕がやってあげている」という表現に、「そうなんだ、良いご主人だな」と、とくに違和感を持たない方もいらっしゃいます。ここには、さまざまな価値観が見て取れますね。

家の片付けって、誰がするもの？

私たちは心のどこかで「片付けは女性がやる」のが常識だと思い込んでいるのかもしれません。雑誌の特集を思い出してみてください。男性誌で「家の片付け」を特集したものを見たことがありますか？　仕事に関するモノなら、片付けがテーマの特集はあるかもしれませんが、女性誌のように頻繁に家の片付けが特集されることは「ない」ですよね。

家の中を心地良くするのは、家族みんながやること。本来、男性の役割とか、女性の役割とかではないはずです。けれど、自然と「そういうものだ」と受けとめている。気づかないうちに、そのような意識になっているのが、雑誌の特集を見るだけでもわかります。

片付けの海外事情

これは日本人特有のもの、お国柄によるものなのでしょうか。以前、インド在住の、自営業をされているアラムさんという方に、片付けについてインタビューをしたことがあります。

「アラムさん、インドの人は片付けで困っていることってありますか？」

「困っているよ。悩んでいる人、いるよ」

「アラムさんの家ではどうですか？」

「僕は片付けが苦手だから、奥さんが全部してくれている。奥さんが片付けてくれたのを、僕がまた散らかしてしまっているんだ」

夫は、片付けが苦手。だったら、妻が夫の分も片付けをする。日本もインドも同じなのだな、と感じました。と同時に、ひとつ気になったことがあります。もし女性が片付けが苦手な場合は、「私は片付けが苦手だから、夫に私の分もやってもらう」という発想にはなりにくいと思いませんか？　それよりも、「片付けが苦手ではいけない、何とかしなきゃ」と考えるのではないでしょうか。

また、マレーシアに住んでいる知人によると、「マレーシアには各家庭にメイドがいるから、そんなに片付けをしなくてもいいの」だとか。日本でも、家事代行サービスをお願いして、片付けを「外部委託」しているご家庭が、以前よりは増えてきた感覚があります。メイドがいる、もしくは業者が家に来て片付けをしてくれる場合には、「片付けは誰がするの？」と悩むことはそうないかもしれませんね。しかし、そうではない場合。家の片付けは、当たり前のように、奥さんであり母親でもある「自分がやらなきゃ」と思うのではないでしょうか。

目指すは、家族みんなで片付けを

私は、**家の片付けに関しては得意な人がすればいい**と考えています。ただ**最終的には、家族全員が片付けることを目指したい**ところ。もちろん、得意不得意はあります。けれど家族それぞれが、それぞれのレベルで片付けられるような仕組みを作ると、きちんと片付けができるようになるのです。

それはなぜか？　だって、2歳の子供だって片付けはできますから。幼稚園や保育所では、出したオモチャの全てを先生が片付けているわけではありません。子供も一緒に片付けをしています。2歳でも、片付けの仕組みやルールが教えられていれば、先生が「お片付けしましょう」と言ったときに、ちゃんと片付けができるのです。

私のスクールの受講生に、片付けを学びに来た理由をうかがうと、「私が片付けられなくて、家族に迷惑をかけているから」「主人に怒られるから」「子供にも怒られるから」という答えが返ってきます。そう答えるのも、片付けは自分がやらないといけないと思っているからなのでしょう。「片付けは主婦である自分がやらないといけない」「私が片付けできるべきなのに、できていない。だから、家が片付いてない」そう思い込みすぎているようにも感じます。

　あるご夫婦の話です。このご夫婦は、結婚したのちに別居になりました。その理由のひとつが、片付けです。夫にしてみたら、いつも家が片付いていないのは、ありえないこと。「こんな家で暮らしたくない」と、家を出ていかれたのです。そのお二人は、片付けに関して育ってきた環境が大きく違っていました。男性のご実家は、いつも片付けられていた。一方、女性が暮らしてきたご実家は、まったく片付いていなかったのです。片付いていない状態に耐えかねて、男性は家を出てしまいましたが、女性にしてみたら、どう片付けたらいいかも、そのやり方もわからなかったのでしょう。なぜなら、育ってきた中で、家が片付いている状態を経験していなかったのですから。

　片付けについては、学校では習いません。家庭で片付けを教わる機会がなければ、「片付いた状態」がどういうものか、どうすると片付くのか、見当がつかなくても無理はありません。**女性の側が片付けられないのであれば、男性がリードして家を片付けても良かったはずです。**しかし、このご夫婦はそうではありませんでした。

　さて、あなたは「家の片付けは誰がするもの？」と聞かれたら、どんな答えが思い浮かびますか？　たしかに、家の片付けは「奥さんやお母さんの仕事」かもしれません。しかし、はたして「奥さんやお母さん【だけ】の仕事」なのでしょうか。必ずしも、そうではないですよね。**得意な人がしてもいいはずですし、家族全員ができるようにすればいいのです。**

片付けられない人が気づいていないポイントとは？

私がオンライン片付けサポートや、片付けスクールをする中で出会った「片付けられない人」には、三つの傾向があります。「片付けられない人」は、ほぼこの三つに当てはまるのですが、残念ながら本人はそのことに気づいていません。片付けができるようになるためにも、ぜひこれらのポイントを知っていただきたいと思います。

①片付いた環境で育ってきていない

先ほども、結婚から別居になったご夫婦の話に触れました。その女性のように、育ってきた環境が「片付いていない家」だったら、散らかっているのが彼女にとっての「いつもの状態」です。なんとなく「片付いていない」と感じてはいても、ではどの状態を目指して家の状態を変えていけばいいのかがわかりません。**なぜなら、片付いた家を知らないから。**「片付いた環境が何か」、片付けのゴールやビジョンが思い浮かばないから、片付けられないのです。

②片付けの方法を習っていない

たとえば、何かの勉強をするときのことを考えてください。まず説明を聞いて解き方を習ってから、練習問題や応用問題を解けるようにしてきたはずです。けれど、片付けはどうでしょうか。あなたは、今までに片付けの方法を習ったことがありますか？　おそらく、親に教わったり、片付け講座を受講した人でない限り、習ったことはほぼないのではないでしょうか。習うことなしに片付けをしているのは、解き方を習っていないのに、いきなり問題を見て答えを出そうとしているようなもの。**やり方を習っていない、知らないからできないのです。**

③できないことをしようとしている

同じ「家が散らかっている状態」でも、「片付けられるのに片付けていない」のと、「そもそも片付けができないから片付かない」のとでは違います。片付けられない人は、ほとんどが自分は前者だと思っています。できるのにやっていない、やっていないから「やらなくちゃいけない」と自分に発破をかけて、何とかしてやろうとします。しかし実際のところは、片付けられない人のほとんどが後者です。**片付けるにはどうしていけばいいのか、わからないし知らない。知らないから、できない。**その「できないこと」を無理にやろうとしているのです。

片付けは、何となくしようとしてできるもの？

たとえば、同じ家事の中でも、料理は本やWEBサイトでレシピを調べたり、動画を見て作る手順をチェックしたりしますよね。片付けをするのに、やり方を確かめてからやっている人は、どれだけいるでしょうか。おそらく、とくに調べることもなく、何となくやっている人がほとんどでしょう。

料理や掃除などは、親がしている姿を見て「こうするんだな」と学べます。けれど片付けは、親が子供の知らないうちに済ませてしまっている場合も多々ありますから、そうなると片付けをしている場面を目にする機会が圧倒的に少ないわけです。親御さんがやり方を教えていなければ、自分から学ばない限り、「何となくやる」、それしかありません。

片付けができない自分のことを責めていませんか？

片付けられない人は、「自分がだらしないから」「自分の努力が足りないから」と、自分を責めていることが多いです。しかも、片付けができないのは「私が人としてダメだから」「自分がダメな人間だから」と言う人さえいます。**総じて自己肯定感が低いのです。**

片付けられないことと、あなたの人格とは別です。片付けられないのは、人格のせいではありません。**ただ単に、片付け方を知らなかっただけ。**片付けを知れる環境にいなかった、やり方を教えてくれる人がいなかった。ただ、それだけなのです。

私には、看護師の友人がいます。彼女は助産師で、夜勤もあります。ご主人は郵便局にお勤めで、夫婦ともにとても忙しくしていました。実家に子供を預けて仕事に行くこともあり、子供と接する時間も少なかったようです。けれど、子供と一緒にいる時間は、子供と濃密に過ごしていました。話すときも、子供と真正面から向き合って、目を見て話をしているそうです。

そんな彼女の家は、まったく片付いていません。けれど、家が片付いていない環境であっても、子供はすくすくと育っています。**片付けはできなくとも、子供への愛情や優しさに満ちたお母さんはたくさんいます。**

再度、強調してお伝えします。片付けができないのは、あなたが悪いわけではない。片付けができるかどうかと、人格は別です。ですから、そこで「片付けられない自分は、ダメな人間だ」などと自己肯定感を低めてしまうのは、非常にもったいないですし、やめましょう。自己肯定感が低いと、片付けは進みません。ただ、**片付けで自己肯定感が下がっている人が、自己肯定感を上げるには「片付けを実行する」のが早道です。**一気には進まなくても、やり始めれば、少しずつ成果が出ます。片付けた結果が目で見てわかるので、自分でも「できた！」と感じられますし、家族も気づきます。そして、家族にほめられることが出てきます。目の前の現実が変わるので、それにともなって自己肯定感も上がっていくのです。

片付けられる人に気づいてほしいポイントとは？

家が片付かないのは、家族が片付けられない、片付けてくれないから。そういうパターンもありますね。自分は片付けられるし、実際に片付けをしている。けれど、家族はどれだけ言っても片付けてくれません。どうにかならないものでしょうか？　そう言われる方も多いです。ここで、自分は片付けられるけれど、家族はできないと言われる方に、気づいてほしいポイントが四つあります。

①片付けができる人がえらいわけではない

片付けができることは、素晴らしいことです。ただ片付けに関して、たとえば子供に対して、「片付けをする子はえらい」「片付けをしない子はダメ」という言い方をしてしまってはいませんか？

「これはここに置くべきなのに、家族はこんなことをしちゃうんですよ！」と、片付けのご相談で、しばしば家族への不満をうかがいます。思う通りに動いてくれない家族にイライラする、とのこと。**イライラするのは、なぜでしょう？**

その人にとっての正義、「これが正しい」があるからです。

片付けができる人には、「これは、こうするべきだ」というセオリーがあるもの。片付けは、やったら成果がハッキリと出ます。片付けができる人は、実際にそのやり方でうまくやれていますから、それが「正しい」わけです。

そして、できる人（＝自分）が正しい、と思ってしまう。あたかも自分が上、「私のほうがえらい」という感覚に陥ってしまうのですね。片付けできる人がえらい、片付かないのは劣っている。しばしば、そういうニュアンスで語られる話も耳にします。

何度も言いますが、片付けと人格とは別です。片付いてない人でも、人格的に優れた人、立派な人はたくさんいます。片付けができる人がえらいというわけではありません。

②あなたにできることが、家族もできるとは限らない

片付けられる人からしたら、家族が片付けられないのは理解しがたいところでしょう。「何でこんなこともできないんだろう？」と、ついボヤきたくもなります。ただ、そう思う背景に、「自分ができることは、他人にもできるものだ」「自分ができることなのに、他人ができないのはおかしい」という思い込みはないでしょうか。

あなたにも、他人にはできるのに自分にはどうしても難しいこと、ありますよね。自分にできることが、家族にもできると思わないこと。あなたは片付けができても、家族はできない。まず、それを認識しましょう。

③勝手に片付けて、家族が混乱する

片付けられる人に多いのが、家族のモノまで片付けてしまうこと。これは、良かれと思ってやっていることも多いでしょうし、イライラしてつい手を出してしまう場合もあるかもしれません。

私が片付けをサポートした、ある女性から聞いた話です。近所に住んでいるお姑さんが、その女性が出かけている間に勝手に家に来て、部屋を片付けるのだそうです。お姑さんとしては、良かれと思ってやっているのでしょう。「あら、片付いていないわ」という感じで。しかしそれをされてしまうと、奥さんはふ

だん置いていたモノが、どこに行ったのかがわかりません。探しても見つからないので、また同じモノを買ってくるハメに。結果、モノがどんどん増えて、ますます片付かなくなってしまったのだそうです。

このお姑さんに限らず、家族の誰かが他の家族のモノを片付けてしまうことは、よくあることでしょう。もちろん片付ける側としては、相手のために「片付けてあげている」のです。しかし、片付けられた家族の側にとっては、「勝手にされた」という感じなのかもしれません。**勝手に片付けをされると、自分のモノがどこに行ったかわからなくなり、よけいに混乱するのです。**

④自分のやり方が、相手もやりやすいとは限らない

私のスクールでは、オンライン片付けサポートのアドバイザーも養成しています。元々は片付けが苦手で学びに来る人、片付けは得意だけど、人にも教えられるようになりたいと学びに来られる人も。目的を持って学びに来られますから、アドバイザーとして素晴らしいサポートができるようになってくださいます。ですが、アドバイザーの立場に立つと、つい相手に「これは、こうしましょう」と言ってしまいたくなる側面もあるようです。そこは注意が必要で、片付ける人がアドバイザーに「ここは、こうしましょう」と教えられても、片付けができるようにはなりません。一時的に片付いたとしても、結局また元に戻ります。なぜなら、教えるだけでは主体的な片付けにはならないからです。**本人が考えて、納得してやった片付けではないので、また部屋が乱れてしまうのです。**

片付けられる人に気づいてほしいのは、あなたの方法が相手もやりやすいとは限らないということ。**相手に片付けられるようになってほしいなら、やるべきは「サポート」。**あなたのやり方を指導することではないのです。

片付けられる脳と、片付けられない脳の違いとは？

あるご夫婦の話です。奥さまはいつもご主人に「服、ちゃんとたたんでよ」と言っています。しかし、いくら言っても、ご主人はなかなかたたんでくれません。どうしたらたたんでくれるようになるのか、お悩みとのこと。洋服をきれいにたたむ、たたまない。この差を、私たちは性格によるものだと考えて、やればできるのだからと、直すように指摘しがち。しかし、必ずしも性格だけの話ではありません。**じつは、脳が影響を与えていることもあるのです。**

右脳や左脳の話を聞いたことがある方は、多いと思います。左脳と右脳とでは、機能的な特徴が違います。**左脳（脳の左半球）が得意なのは、文字認識、言語や論理、分析など。右脳（脳の右半球）が得意なのは、イメージ認識、感情、空間**

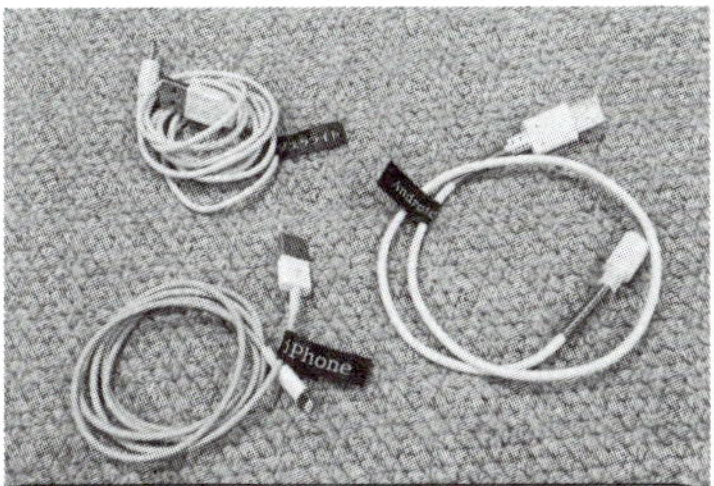

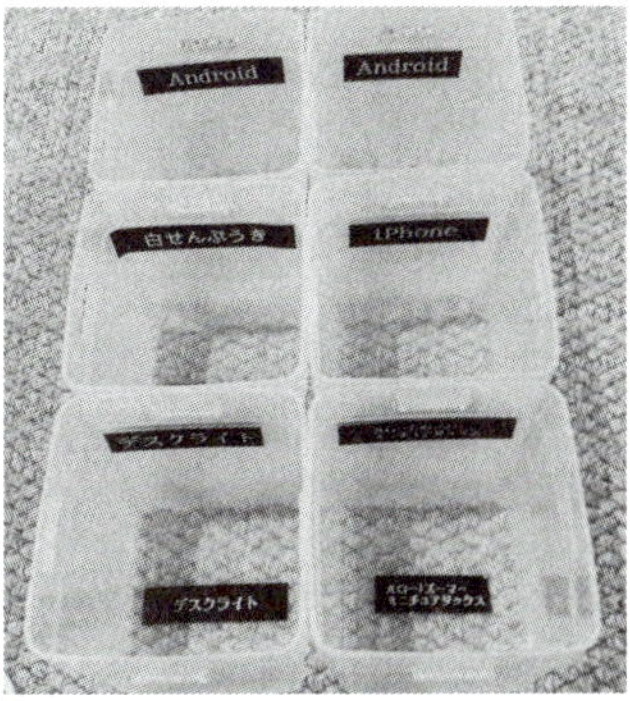

ケーブルと入れ物にラベリングをして、置き場所を固定！

認識などです。

私たちは日々の生活で、左脳と右脳の両方を使っています。ただ、脳の使い方は人によって異なり、一人ひとり、脳の使い方のクセや傾向があります。感性的に物事を捉えるのが得意な人もいれば、分析的に捉えるのが得意な人も。口で言ってもらったほうがわかりやすい人もいれば、図解にしてもらったほうが理解しやすい人もいます。これも、脳の使い方に得意不得意があるからなのです。

では、脳の使い方を収納の場合で考えてみましょう。**左脳が優勢なタイプは、ラベリングが有効です。**片付けたいモノを種類ごとに分けて収納し、そこに何が入っているかを書いて、モノの置き場所を把握、管理します。仕分けや整理整頓をするのに、自分なりのルールを設けてやっているので、たとえ引き出しが閉まっていて中が見えない状態でも「あれは、この引き出しの、ここに置いてある」と把握ができています。

右脳が優勢なタイプの場合、手がかりはイメージです。「あのカゴの中に入っていた」「あの色の箱に入っている」などと、モノの形や色、位置関係などのイメージとして捉えています。ですから、探しものをするときも「だいたいあの辺り」と見当がつきます。ただし、全体をイメージで見て把握しているので、収納スペースの扉や引き出しが閉まっていて中が見えていないと、本当はモノがあっても「ない！」という感覚になりがちです。扉のないオープンクローゼットのように、中がパッと見える収納のほうが、楽に片付けられますし、モノも管理できます。

どこになにがあるか、
パッと見える収納！

年代別でも違う片付け

ところで、子供向けの収納グッズは、カラフルなモノが多いですよね。それには理由があります。**子供は、主に右脳が優勢なのです。**まだ文字が使えないこともありますが、形や色を手がかりにしたほうがモノを把握しやすいのです。

小学生くらいになってきたら、しだいに文字を使いラベリングによるモノの管理ができるようになっていきます。感性の脳から考える脳へ、論理的に物事を把握するようにもなっていきます。

これが年齢を重ねてお年寄りになってくると、不思議なことに、また感性の脳、右脳寄りになっていきます。片付けやモノの把握をするのに、モノの形や色で認識してもらったほうが、文字で書いて管理するよりも片付けがしやすくなるようです。年代によって、物の把握のしやすさの傾向が変わってくるのは、とても興味深いですよね。

家族間でも違う、脳のタイプ

今でこそ片付けの先生をしている私ですが、元々は片付けが苦手でした。はじめて本を見ながら片付けをしたときのこと。我ながらとても片付いたと思いうれしかったので、「ほら、見て。きれいに片付いたよ！」と、友人に片付け後の部屋の写真を送りました。すると、友人はひとこと「どこが？」と。「え、なんで？　ちゃんとカテゴリー別に、種類別に分けて置いたんだよ」「そう？　だって、本の頭がガタガタで揃っていないよ」と返事が返ってきました。

せっかく片付けたのに「どこが？」と言われてしまって、ビックリするやら、ガッカリするやら。どうしてこのようなやり取りになってしまったのでしょうか。それは、**私と友人の「脳タイプ」が違っていたからです。**

私は左脳が優勢なタイプです。管理することが好き。詳細まで把握することが好き。きちんと分けられた仕切りの中に、種類ごとに分けて、きれいに収めることに萌えます。私にとっての「片付いている」は、カテゴリー別に分類された状態。機能的に管理できるように、整えたいのです。

一方、友人は右脳が優勢なタイプです。パッと見て全体が把握できるような片付け方が得意。仕切りのある収納スペースにきれいにたたんで入れるなんて、その作業自体が面倒でイヤ。洋服はたたまずにハンガーをかけるだけ、カゴに入れるだけ、といったワンアクションで済む収納のほうが、楽で好きなのです。

友人に見せた片付け後の私の部屋の状態は、私にとっては「片付いている」状態でした。しかし、友人には、「片付いていない」ように見えていました。

きっちりたたまなくても、
入れるカゴを決めて
入れれば立派な収納！

本の高さが揃っていないし、パッと見て「片付いているように見えない」からと。

つまり、**お互いの思う「片付け」が違っていたのです。**

これは友人の間だけでなく、家族の間にも起こりえることです。**家族であっても、脳の使い方のクセ、得意不得意が違うからです。**先ほど、奥さまがどれだけ「たたんで」と言ってもご主人がたたんでくれないという話をしました。このご主人は、洋服をハンガーにかけるだけのワンアクションで済む収納が好きな、右脳タイプです。奥さまは、きれいにたたんで収納するのが大好きな左脳タイプ。その奥さまが、ご主人に「たたんで」と言って、「やってくれない」と、お悩みだったのです。

自分には簡単にできることが、相手にはできないこともあります。脳タイプが違えば、得意不得意も異なります。自分のやりやすい方法が、相手もやりやすいとは限らないのです。あなたがやりやすいのは、どのようなやり方でしょうか。そして、お子さんやご家族はどうですか？　ぜひ、ご家族一人ひとりの得意不得意、脳の使い方の傾向を知っておきましょう。

片付けられる脳と、片付けられない脳の違い

右脳優位にしても、左脳優位にしても、その特徴にはポジティブな側面とネガティブな側面があります。それは、どちらの脳タイプでも、ネガティブ面が出てしまうと、片付かないのです。たとえば、左脳優位の場合。左脳優位のタイプは、計画的にきちんと順番立てて片付けをします。しかし、慎重な側面が強く出

ると、準備ができるまでなかなか行動に移しません。「片付ける時間がちゃんと取れたらやる」「先に収納用品を買ってきて、収納する場所が準備できたらやる」「これをどこに置くか、考えたらやる」と、なかなか片付けが始まらないのです。対して、右脳優位の場合。右脳優位のタイプは、パッと感情で動きます。「いま片付けたい！」と感じたら、あれこれ考えずにすぐに行動を起こします。しかし何のルールもなく片付けるので、片付けてもまた散らかってしまいます。

家族の間で、片付けが得意な人が右脳優位タイプだとしたら、「いま、さっと片付けてしまえばいいじゃない！」と家族に声かけをするかもしれません。けれど、言われた側が左脳優位タイプだったら、「いや、でもこれをどこに置くか、まず考えてからだよね」「いまは、ちゃんと片付ける時間がとれないから」と、なかなか片付けの行動には至らないことでしょう。

大切なのは、まず違いを理解することです。自分はどのタイプなのか。家族とはどう違うのか。結婚相手は、自分とは真逆のタイプのことが多いです。真逆だからこそ、魅力的に感じて結婚に至ったはず。なのに、片付けのときになると、お互いの違いがわからずに「なんでできないんだ！」と喧嘩になるのです。

優勢な脳タイプが近しい夫婦の場合、あまり喧嘩にはなりません。お互いに「そうだよね」と納得して終わりますから。とはいえ、同じ脳タイプであっても、夫婦では育ってきた環境が違いますから、片付けに関する知識も違います。自分や相手にはどのような特徴があるかを知っていると、「この人はこれが得意」と、強みが活かせる片付けの仕方を考えていけます。

強みを活かせる片付けができるようになったら、みんな片付きます。そのためにも、まずは知ること。自分と相手は違います。家族みんな、違いがあっても良いのです。

片付けしつもんで家族の仲が劇的に良くなる！

「片付けなさい！」「片付けないんだったら、もう捨てるわよ！」と、片付けをめぐって、どれだけこの言葉が投げかけられたことでしょうか。「片付けなさい」と何回言っても、どうせ片付かないのに。言われる側は、「片付けて」と言われ続けて嫌になるし、強い抵抗感につながって、かえって逆効果になることさえある。それがわかっていても、私たちはつい反射的に「片付けて」と言ってしまっているのです。

脳タイプでもわかったように、同じ家族であっても、片付けができるか否か、得意か不得意かは、それぞれ違います。ですから、「わかってくれているよね」では伝わらないのです。お互いに違うのですから。「空気を読んで」と言っても無理な話です。

では、どうすれば良いのでしょうか。それは、**「しつもん」です。**「片付けしつもん」をすると、片付けが進みます。

これまでの声かけを、あらためて思い出してみてください。家族に片付けてほしいときに、どのような声かけをしていたでしょうか？　「命令」ではなかったですか？　それを「しつもん」に変えるだけで、家族が劇的に動き出すのです。

しつもんは、相手の意思や気持ちを聴く行為です。しつもんをされると、相手は承認されたと感じます。「自分の気持ちを聴いてくれるんだ」とうれしい気持ちになります。それまで何を言っても片付けてくれなかったのに、しつもんの声かけを続けることで、1か月後には自ら片付けをするようになった、というお子さんもいます。しつもんの声かけをして、関わり方を変えたことで、ご主人が片付けに積極的になってきた実例もあります。

しかも、**しつもんは相手が片付けられなかった本当の原因、相手の本音を引き出せます。**なぜ今までいくら言っても片付けしなかったのか、片付けられない本当の理由がわかるのです。

ぜひ、感じてみてください。しつもんをしてみると、想定外の答えが返ってきます。「なぜ、いつもランドセルを床に置くの?」「お母さんはここに置けって言うけど、重くてここまで持ち上げられないよ」。本人でないとわからない、そうしている理由、動機が、しつもんによってわかります。

また、しつもんを繰り返していくことで、**家族の関係性が変わってきます。**

これまでは、事情を聞きもしないで一方的に「片付けなさい」と言っているだけでした。それが、家族にしつもんをすることで、しつもんをされた相手にしたら、自分の思いに耳を傾けてくれるようになるわけです。「え、私の気持ちを聴いてくれるの？」「やっと私の心の声を聴いてくれる」と、うれしくなるでしょう。当然、関係性も変わってきますよね。

「君はどうしたいの？」

フランスに12年間、暮らした女性に聞いた話です。フランスでは、子供の頃から、自分はどうしたいのかを聞かれて育つのだとか。片付けでも何でも、必ず子供に選択を促して、どうしたいのかを尋ねるのだそうです。だから、自然とモノを選ぶときに「自分は何が欲しいのか」「自分はどうしてこれを選ぶのか」を吟味をするようになって、無駄な買い物をしなくなるし、お部屋も片付いている人が多いのだと聞きました。

また、お金がないカップルが狭い屋根裏部屋に住んでいたとしても、お互いに「どうしたい？」「何がほしい？」「ここに何を置きたい？」と確認し合ってお部屋づくりをするので、そのカップルらしい快適な空間になるそうです。

日本では、どうでしょうか。子供やパートナーに「どうしたいの？」とは、あまり聞かないかもしれませんね。むしろ「こうしなさい」と指示するほうが多いのではないでしょうか。**子供の自立を考えても、命令よりも、相手の意志を確認すること、とても大事だと感じます。**

これまで、数多くのご家庭をサポートしてきました。その中で感じることは、**片付いていない家は、家族のコミュニケーションがとれていない、少ないことが多いです。**もちろん全ての家庭がそうではありませんが、家族間で相手の気持ちを聞こうとしていない場面を見ることが多いと感じます。

たとえ家がきれいに片付いていても、「家族が片付けないんです」という場合も同じです。片付けられる人が、一方的な片付けを家族に押し付けているのかもしれません。本人は良かれと思ってやっていても、それでは家族は片付けられるようにならないし、家族の仲も良くはなりにくいですよね。

だからこそ、しつもんなのです。しつもんは、片付けを進めます。そればかりか、コミュニケーションを生み出し、家族の仲を劇的に改善します。ぜひ、命令からしつもんへ、スイッチしていきませんか？

第2章

家族はしつもんで片付けるようになる！

しつもんで片付けが進み、それだけでなくコミュニケーションを生み出し、家族の仲を劇的に改善することができると書きました。それは具体的にどういうことなのか？　この章ではたくさんの事例も合わせて、お伝えしていきます。

離婚寸前夫婦が、片付けしつもんで関係改善!?

私のスクールに片付けを学びに来られる受講生には、片付けだけでなく、夫婦関係についてもお悩みの方が少なくありません。１００人の受講生がいたら、そのうちの10人ほどでしょうか。およそ１割の確率です。「離婚寸前です」「このままでは、将来離婚になるかも」という方もいらっしゃいます。家庭内別居状態の方や、お互いへの思いやりも会話もなくなってきたという、よくある倦怠期の夫婦のような状態の方も。「うちは夫婦仲、とても良いです」という方のほうが、少数派かもしれません。

話をうかがうと、片付けができていないことで「妻としての役割をきちんとできていないじゃないか」と、ご主人に責められるのだとか。片付けは女性の仕事だと思っている男性はとくに、「僕は外でこんなに働いているのに、君は家のことをきちんとしていない」と、奥さまを責めたくなってしまうのでしょう。

しかし、考えてみてほしいのです。**家が片付かない原因が、奥さまだけにあるとは限りませんよね？　逆に、ご主人が散らかすから片付かないこともあります。**奥さまにしてみれば、「あなたが散らかすから片付かないんでしょ！　片付けてよ！」と言いたいところかもしれません。直接ご主人に文句を言わなかったとしても、相手を責める気持ちは伝わるもの。お互いにイライラしている状態では、夫婦仲が悪化しても無理はないのでは、と感じます。

結婚当初は、まだ会話もあったし、お互いへの思いやりもあったことでしょう。しかし子供が生まれて、奥さまは子育てに一生懸命。ご主人は仕事。会話は子供のことだけ。お互いにこれからどうしていこうとか、一緒にどこかへ行こうとか、そういう会話がすっかりなくなってしまった、という夫婦は意外と多いのではないでしょうか。

片付かない家の、大きな共通点

片付けられていない家には、大きな共通点があります。それは、**家族間、夫婦間の会話がないのです。**夫婦仲が離婚寸前まで破綻していなかったとしても、夫婦間の会話、とくに片付けに関する会話をしていません。**片付けに関する会話とは、「一緒に暮らしているこの場所をどうする?」と話し合うもの。**片付けを個人の問題でなく、家族全員に関わることとして話をすることです。

オンラインで片付けサポートをした、あるお客様の話です。その日は、ご家族みんながすごすリビングとダイニングを片付けました。ダイニングテーブルの片付けをしてもらっていたときのこと。テーブルの上に何かモノが置かれているのが画面越しに見えたので、お客様に尋ねました。

「テーブルの上に置いてあるモノは、何ですか？」

「これは、主人のモノです」

「そうなのですね。それをどこに置いたらいいか、ご主人に確認することはできますか？」

「いや……なんか、聞きづらいです。聞くと怒られます」


お客様とのやり取りで、ご夫婦仲があまり良くないのかも？　会話が成り立たないのかも？　と何となく推測できますよね。**「これをどこに片付ける？」というふつうの会話」ができないのです。**


片付かないことが、夫婦仲を悪化させる一番の原因とは限らないでしょう。

しかし、片付いていない家は、たいてい片付けについての会話をしていません。

家族でその「ふつうの会話」ができていないケースが多いです。

片付けができない方は、片付けられない自分に罪悪感を持っていて、悩んでいる方がほとんど。そうした方々が片付けを学ぶと、ご自身と家族に、どんな変化が起きると思いますか？　それは、**夫婦の会話が始まり、関係性が改善していきます。また、非協力的だったご主人が、自分で片付けをするようになります。**片付けが「誰かの仕事」ではなく、「共同作業」「一緒にやること」に変わります。

関係改善の大前提とは

家族や夫婦関係改善のために、私が最初に伝えている、二つの大切なことがあります。一つは、**先にご自身のモノの片付けをすること。**「まずは、自分」です。もう一つは、**会話をするときに相手を責めないことです。**相手に、責めない気持ちで聞くことが大切。ついつい、嫌味を言ったり責めたくなることもあります。そうなる気持ちはわかりますが、グッと我慢してください。そうしないと、どんな言い方をしても責める気持ちが相手に伝わりますから、ここは純粋に、あえて子供のような気持ちで聞いてください。

「パパ、どうしてこれ、ここに置いているの？」

大人が言うと嫌味に聞こえる一言でも、子供が素朴な疑問から発した言葉は、嫌味には聞こえないですよね。**子供のような純粋な気持ちで聞くこと。**これが、かなり大切です。

奥さまが、まずは自分の片付けを始めること。すると、**以前は非協力的だったご主人にも変化が出始めるケースは、とても多いです。**奥さまが努力する姿に、ご主人も心を動かされるのでしょう。片付けは奥さまがするものだと、まったく片付けに手を出そうとしなかったご主人が、黙って自分のモノを片付けるようになったり、奥さまがやっている片付けを手伝うようになったり。

奥さまの側は、「どうせこの人、片付けなんてしないわ」と、ご主人に諦めの気持ちを持っていた方がほとんどです。ですから、こうしたご主人の変化は、意外ながらもうれしいもの。「ありがとう」「手伝ってくれてうれしい」と、お礼を言いたくなりますし、これまでは諦めていて、しなかった相談を持ちかけるようにもなります。片付けをきっかけに、夫婦の会話が始まるのです。

「このままだったら将来、離婚になりそう」と言っていた夫婦が、**片付けをきっかけにコミュニケーションが取れるようになって、また仲良くなった、夫婦の関係性が改善された、**という体験談が受講生からも数多く寄せられています。

【事例】 A・Iさん

夫は、25年前に着ていた服も取っておくタイプの人です。スクールで片付けを学ぶまでは、夫に対して「同じような服ばっかりで、着ていないんだから捨てたら？」と声をかけていました。これは、私の考えを押し付けていたのですね。夫からも「自分だって、同じような服ばっかり持っているじゃん」と言われていましたので、まず私の考えを改めました。そして、まずは夫の物持ちの良さを褒めるようにして、逆に「こっちに、洋服を入れるスペースがあるよ」「私のクローゼットに余白ができたし、ハンガーラックもあるから、こっちに洋服をかける？」と聞くようにしたら、夫が自分の洋服を見直してくれたのです。

その後、夫は洋服を減らし、売りに出してくれるようになりました。「洋服を捨てて」と言わなくなったことや、自分の洋服を先に片付けたことが、我が家にとっては効果的でした。

片付けは、夫婦や家族の会話を増やすきっかけにしやすい話題です。なぜなら、必要なことだから。片付けは、暮らしの中で「やらなければいけないこと」だからです。片付けという、目の前にある困った現実をどう解決していくのか。「やらなければいけないこと」について話しかけるので、「急にどうした？」と違和感を持つこともなく、会話が始まるのです。

片付けは、家族で一緒に「家を良くする」こと、共同作業です。 夫婦で、家族で一緒にやるからこそ、お互いの価値観を知ることができますし、意外と相手のことを知らなかったことにも気づきます。日本人特有の「わかっているでしょ」ではダメなのです。会話をするからこそ、お互いの認識の違いを知って、お互いを理解しようとしていけるのです。ご主人の中には、「家のことはわからない」と言われる方もいらっしゃいます。「あえて、わかろうとしていないのかな？」とすら思うこともあるかもしれません。しかし、しつもんをすると変わります。**しつもんをされると、しつもんに対する答えを考えます。考えると何が起こるのか。片付けが、自分ごとになります。**ですから、家族に「片付けて」と言うよりも、しつもんをしたほうが、自分ごとにしてもらいやすいということです。

家具をどう置くか、部屋にどんなモノを飾るか。カーテンの柄をどうするか、といったことから、家族の意見が一致しないのはよくあること。だからこそ、家族で会話を始めていきましょう。

そのときに避けたいのは、「お部屋をこういうふうにします」と一方的に言うこと。そうせずに、ぜひ、しつもんを使いましょう。たとえば、カーテンの柄を変えたいなら、「このカーテンは、もう長く使って古くなってしまったから、そろそろ買い替えない？」と、一言入れてみてください。**どうしてそう思ったかを説明しながら、相手の意向を尋ねる言い方をすると、うまくいきやすいで**

す。

【事例】 C・Kさん

私が片づけをしたときは、「こんな風にしたけど、どうかな？」「この場所を、こんな風にしたいけどどう思う？」など、とくに家族の共有部分については、夫や子供の意見を聞いていました。聞くことで相手の意見も反映できますし、相手も自分が気になったところに意見を出してくれるようになった気がします。

自分の意見が反映されるとうれしいようで、その部分は意識して片づけてくれるようになってきました。強制はしないけれど、少しずつ家族を巻き込んでいった感じです。

しつもんは、相手への思いやりです。相手を尊重し、意見や気持ちを聞こうとするその姿勢は、しつもんされる側に伝わります。お互いに相手を思いやれるようになっていけるということですね。だからこそ、関係性も改善されるのです。

子供が家族関係の救世主に！ 片付けを親子でできるように

お母さんが片付けを始めると、**最初の協力者になるのは、たいてい子供です。**家族の中でも、お父さんよりも先に、子供が一人目の協力者になることが多いです。とくに小学生くらいまでの子供は、お母さんのやっていることを遊びのような感覚で真似たがりますよね。お母さんが洗濯物を畳んでいたら、一緒に畳み始めることも。なかでも勘がいい子は、お母さんがやっているところを見て、「こうやってやるのよ」と教えられたら、すぐに片付けができるようになります。その子がお母さんの手伝いをしていると、兄弟姉妹がいる場合、しだいに他の子にも影響が広がり、片付けをするようになるのです。子供たちの間で、片付けが「言われてすること」でなくて、「お母さんが喜ぶこと」「やると、お母さんが助かること」というように変わっていくのですね。**お母さんから「助かる、うれしい」と言われたら、喜んで、さらに協力して頑張ってくれます。**

お母さんにしてみれば、子供が手伝ってくれるだけで、気持ちがとても楽になりますよね。自分がイライラすることも減ってきます。**イライラするのは、きっと自分一人だけがやっているという孤独感があるから。**子供が一緒にやってくれるようになると、その孤独感がやわらぎます。その結果、ご主人に対する接し方もやわらかくなってくるのです。

では、子供に協力者になってもらえるようにするには、どうすれば良いのでしょうか。そのカギも、「片付けしつもん」です。

子供にいつも「片付けて」と怒っていたお母さんがいました。片付けしつもんを学ばれて、さっそくご家庭で実践。まず「片付けて」と言うのをやめました。そして、しつもんで声かけをするようにしたのです。

【事例】 K・Kさん

小学校1年生の娘が使っている机の引き出しが、とてもゴチャゴチャしていました。これまでは、「ゴチャゴチャしているから、片付けよう」と言っていたのですが、スクールで学んでから、「その引き出し、使いやすい？」と声かけをしてみました。娘から返ってきたのは、「使いにくい」という言葉。

「一旦引き出しの中のモノを、全部出してみようか？」

「うん、わかった」

引き出しの中のモノを全部出したあとに、たくさんのいらないモノを選んでくれて、仲間分けも自分でしてくれました。今までは、「ママが片付けようと言うから片付ける」という意識だったのが、「使いやすくするために片付けるのか！」と娘自身が気づいたように感じました。机の引き出しも、その下の扉の中も使いやすくなったと感じたみたいで、その日の夜に、「タンスが使いにくい」と自分から言ってくれたのが、ビックリでしたしうれしかったです。

その後、タンスも一緒に片付けました。本人にとって、お気に入りのタンスになったようでとても喜んでいました。

【事例】　A・Mさん

我が家は言葉かけを「片付けてね！」から「一緒に片付けようか」に変えたら、スムーズに片付けられるようになりました。私以外の家族は、片付けが苦手。息子も娘も、机の上はすぐにモノがあふれてしまっていました。それを見てはストレスを感じて、「片付けてね！」と声かけ。しかし、そう言われるだけでは、子供たちには片付けが嫌なものだと感じられるようで、渋々面倒くさそうに片付けていました。

勉強や宿題でもそうですが、子供たちは「一緒にやろう」と声かけをするだけでスムーズに動いてくれることがありました。そこで片付けにも取り入れたところ、とても良い効果が出たと感じています。「（自分で）やりなさい」よりも、「一緒にやろう」が我が家には合っていました。

【事例】　H・Tさん

私が片付けをしていると、子供たちが私の真似をして片付け始めて、いつの間にか「片付けなさい」と言わなくなっていました。とは言っても、散らかすのが子供。子供部屋いっぱいにオモチャを広げてしまうこともあります。そんなときの声かけが、「元に戻せる?」「オモチャがおうちに帰りたいみたい」などに変わっていました。片付けたあとは、「ありがとう」と、いっぱい褒めることを心がけています。

また、家族の特性を活かして、左利きの子供には左手で取り出しやすい収納にしたり、子供の身長に合わせて収納の高さを変えたりしました。夫には、取り出しやすい(しまいやすい)専用の収納を設置したところ、自分で元に戻すようになりました。ちょっと工夫するだけで、家族の「あれ、どこー?」が減り、元に戻せるようになって家族が変わっていき、家族のイライラも、私のイライラも圧倒的に減りました。片付けるだけで、家族の笑顔が増えて本当にうれしいです。

「片付けて」と言うのをやめて、しつもんに変えるだけで、子供が素直に協力的になってくれるものなのだろうか、と感じる人もいるかもしれません。しつもんは、「聞いている」ところがポイントです。**私たちの脳は、人から尋ねられ**

ると、それに対する答えを出そうとします。子供から答えが出る。お母さんが、それを聞く。そして、子供にさらに聞く。そのやり取り、キャッチボールをしていくと、「どうしたらいいのか？」と、その子なりの結論が見えてくるのです。何をどうするかを考えられると、子供は「自分が決めた」という気持ちになります。「お母さんから言われたから」とか、「怒られるから」ということではなく、**「自分が決めた」ことになるのです。**「家の中のルールを自分が決めた」「ルールを、自分とお母さんとで決めた」。自分で決めたこと自体もうれしいし、自分が決めたことだから、おのずと自分で管理するようになるのですね。

夫も片付けが自分ごとになった！

現在、私のスクールで講師をやってくれているYさんは、受講当初はご主人の悪口ばかり言っていました。今の仲の良いご夫婦ぶりからは想像できないほどです。かつてのご主人は、家での片付けにまったく手を出さず、モノを出したら出しっぱなし。ご自分の仕事道具はしっかりと整理整頓できているのに、なぜ家のことはできないのか、Yさんは不満でならなかったそうです。

Yさんが片付けを学んで家で実践し始めたときに、はじめに協力者になってくれたのは子供たちでした。しつもんを使って声かけをするうちに、子供たちはそれぞれ自分なりの片付け方を見出して、片付けをするようになりました。

しかし、ご主人だけは違います。Yさんがいくら頑張って片付けをしていても、まったくの「我関せず」状態だったのです。Yさんは、「うちの主人は……」とグチをこぼしていたけれど、そこでご主人を責めるような物言いをしてしまうと家の片付けが進まなくなってしまうので、「片付けるように言ってもご主人はやらないだろうから、放っておきましょう。子供たちが手伝ってくれていて、だいぶ楽になったでしょうから、それでいいじゃないですか」とアドバイスをしました。Yさんは、そのアドバイスを聞いてくださって、ご主人には責めるようなことを言わなくなったそうです。

　すると、当時小学４年生だった長男が、一言。「ぼくたちは自分で片付けをやっているのに、パパはどうしてやらないの？　自分でやったら？」と。子供の一言は、よほどご主人に刺さったのでしょう。それ以来、ご主人は黙って片付けをするようになりました。子供にしてみたら、「パパはどうして片付けないのだろう？」という純粋な疑問です。**無邪気な子供の、無邪気なしつもんだからこそ、お父さんとしても素直に気持ちが動いたのではないでしょうか。**

　Ｙさんと夫婦間のコミュニケーションも増えてきて、わかったことがあります。

ご主人にしてみたら、家の片付けは「自分ごと」ではなかったのです。もともと、片付けは奥さまの仕事という思いもあったようです。しかし、それに加えて、奥さまがご自身のやり方で片付けをしていたために、ご主人にはモノの置き場所がどこなのか、わからなくなっていたのだとか。どこに戻したらいいかわからないから、「戻すのは今じゃなくていいだろう」と置きっぱなしにしてしまっていたそうです。

Yさんは、ご主人にもしつもんをするようにしました。今では、以前のようにモノを出しっぱなしにすることもなくなり、ご自分の分の洗濯物を畳んでくれるようにもなったそうです。

反抗期の子供とも会話ができるようになった!

中学生や高校生、いわゆる反抗期の子供に対しては、どのように働きかけるのが良いでしょうか。相手は思春期の子供たちですから、言い方次第では強い反発を招きかねません。親としては、どう声をかけたら良いものか、思案してしまう場面も多いと思います。

中高生に声かけをする場合のポイントは、相手に主導権をわたしてあげること。何か決めるときでも、子供が小学生のときには、お母さんが考えるためのヒントをあげないと決められないことが多かったかもしれませんが、中高生ともなると自分で決めたいことも増えてきます。片付けについても同じ。片付けるも、片付けないも、自分で決めたいのです。だからこそ、子供に自分で決めてもらいましょう。**親がするのは、その手助けです。**

投げかけるのは、大人としての人格を認めたしつもんです。子供扱いせずに、相手を対等の存在、一人の大人として扱い、しつもんをしましょう。**我が子であっても、一人の対等な存在として、相手を尊重する気持ちで声かけをしたら、子供の反応がいつもと違うことに気づくでしょう。**それまではまったく手を付けなかったのに、相手を尊重する声かけを心がけたら、子供が片付けを始めたという例は、いくつもあります。

もちろん、子供が親からの声かけを聞いてくれるかどうかは、その子の反抗期の度合いにもよるのは確かです。自室に閉じこもって出てこないとか、そもそも親の話を聞こうとしないとか、そのような状態では、片付けを呼びかけるのは難しく感じることでしょう。しかし、親に反抗する理由は、その子だけにあるのではありません。お母さんの関わり方も大きく影響するのです。

家の片付けを始めるときに、**家族に呼びかけるより先に、まずはお母さん自身が自分の片付けをしましょう。**私は常に、そうお伝えしています。それは、中高生のお子さんにとっても利点があります。なぜなら、お子さんに過度にかまわなくなるからです。お母さんが自分自身のことを一生懸命にやり始めたら、子供に干渉しなくなりますよね。お母さんがうるさく言ってこなくなるので、「うるさく言わなくなってきたな」「片付けのことも言ってこなくなったな」と子供もゆるむのです。ゆるんだところに、「あなた、どうする?」としつもんする。命令ではなく、しつもんなので、反発を招きにくいということです。相手に判断を委ねているのが伝わって、答えを返してくれることも多いです。ぜひ、そこから会話を始めていきましょう。

【事例】　Y・Tさん

反抗期真っ只中の息子に、ひたすら粛々と片付ける姿を見せていても、なかなか協力を得られませんでした。ですが、家族全員にとってベストなモノの住所を決めるために、一人の大人として、「これは、どこにあったら戻しやすくて使いやすいか、あなたの意見を聞かせてほしい」とお願いしたら、思った以上にしっかりとした意見を聞かせてくれました。しかも、片付けるための協力行動、発案もしてくれるようになりました。深刻な感じで「あなたに相談があるんだけど……」と持ちかけるのがポイントだと思います。

【事例】　M・Kさん

中学２年生の長女は、右脳優位。脳タイプ通りの、ざっくり収納です。コンタクトケースなど、細々したモノも、すべて出しっぱなしで置きっぱなし。「どうせ明日の朝に使うのに、なんでしまうの？　面倒くさい！」と。彼女の言い分もわかるので、小さなトレーをダイニングテーブルの上に置き、彼女が出しっぱなしにして良い場所を作りました。

机周りに、脱いだモノや小さな鞄などを置きっぱなしにすることについては、「このボックスに放り込むのはどうかな?」と提案したら、「それなら、できる」とのこと。私には驚きのざっくりですが、彼女にはそれが合っているようです。あまり片付けばかり言うのもどうかと思い、本当は嫌でしたが、リビングの一角に「ここは好きなモノを飾ったら?」と提案をしたら、100均でフックを買って、大好きな漫画のキャラのバッジなどを、工夫してとてもキレイに飾っています。何もかもが大雑把だと思っていたのですが、違ったので驚きました。自分で、「お気に入りの周りは散らかさないようにしなきゃね」と言っていましたから、まさに「飾るだけ片付け」ですね。

子供が自分では動かないからといって、親が良かれと思って勝手に片付けてしまうのは、おすすめできません。**親が手伝う場合も、必ず本人に意思を確認して、いちいち承諾を得ながら進めることがとても大切です。**

たとえば、子供の気持ちがふさぎこんでいて、片付けにまで手が回らないときもあるでしょう。親としては先回りして片付けをしてあげたくなるかもしれませんが、まずは子供に声をかけてください。

「ちょっと部屋を片付けたほうが良くないかな？　この状態では気持ちが鬱々《うつうつ》としてしまうと思うよ」
「カーテンも開けて、片付けをして部屋を整えたら、だいぶ気分も変わるんじゃない？」

声をかけて、本人が動くようでしたら任せましょう。子供自身だけでは動くことが難しいようなら、親が手伝っても良いかを聞いて、本人が「いいよ」と言ってくれたら、そこではじめて手を出すようにすることが大切です。手伝うときも、親が自分の判断でどんどん片付けてしまわずに、「これ、触っていい？」「こうしてもいい？」と、**一つひとつ、本人の意思を確認しながら進めてください。**

もし子供から「触らないで」と言われたら、子供の部屋のモノには手を付けません。リビングやトイレなど、ふだん本人も使って目に触れる場所を片付けて、きれいに整えましょう。**片付いていて気持ちがいいな、と本人が体感できると、自分の部屋に戻ったときに「ちょっと何か、片付けでもしようかな」と思うきっかけになるかもしれません。**

子供は親のことを、よく見ているものです。自分は子供に「片付けろ」と言っておいて、親が片付けられていなかったら、「お母さんはできていないのに、そんなこと言われてもさ」と反感を持つかもしれません。

逆に、片付けきれていなくても、お母さんが毎日黙々と片付けを頑張っている姿を見せていると、**「お母さんは自分たち家族が心地良く暮らせるように、一生懸命環境を整えてくれているんだな」「毎日仕事をしてきて疲れているのに、あんなことまでやっているんだ」と、子供はそれを認める**のです。そのお母さんが声をかけるからこそ、子供は耳を貸すのです。

そう考えると、「親の背中を見せること」は、片付けだけにかかわらず、大切かもしれませんね。片付けをきっかけにして、反抗期の子供さんとの会話を増やしてください。

片付けしつもんで、家族関係はこんなに変わる！

この節では、片付けを通して家族関係が変わった、という事例をご紹介しました。このような変化が起きるのは、特別なことではありません。大切なことを心がければ、どのご家庭にでも起こり得ることです。では、その大切なこととは何でしょうか。何度もお伝えしている、**「片付けなさい」と言うのをやめること。そして相手への声かけを、しつもんに変えることです。**

ここで改めて、思い返してみてください。家族に片付けをしてほしいと思ったときに、どのような声かけをしていますか？「片付けて」「片付けなさい」という命令の形ではないでしょうか。ときには、「なぜ片付けないの？」「いつになったら片付けるの？」という声かけをするときもあったかもしれませんね。**これらは、しつもんのように見えて、実は文句だとお気づきでしょうか。**理由やタイミングを尋ねているようでいて、伝わるメッセージは文句なのです。

頭では、「片付けなきゃ」「片付けたほうがいいよね」とはわかっています。けれど、わかっていてもできないときもあるのです。それだけでもモヤモヤした気持ちでいるのに、「なんで片付けないの？」とお母さんに、または奥さまに追い打ちをかけられるのです。頭では片付けたほうがいいとわかっていても、気持ちは反発してしまいますよね。まして、それが毎日続いたらどうでしょう。親子でも、夫婦でも、関係が悪くなっても仕方がないのではないでしょうか。

片付いていないと、つい「片付けて」と言いたくなります。片付かないのは、やる気の問題。その気にさえなったら、片付けられるものだと、どこかで思っているからでしょう。しかし、**いくらやる気があったとしても、片付け方がわからなければ、片付けようがありません。**どう片付けたらいいかわからないから、片付けられないということもあるのです。

学校では、片付けのやり方を習いません。「整理整頓」と標語が掲示してあっても、整理整頓とはどうすることなのか、何をどのようにすれば「整理整頓」されたことになるのか、教わらないのです。

もし学校で教わったとしても、子供がそれを実行するには、親もわかっていることが不可決です。親がやり方を知らなければ、子供にも無理でしょう。そういう意味では、片付けは学校が教えることというよりも、むしろ親が子供に教えることかもしれません。

【事例】　M・Iさん

オンライン片付けスクールで片付けを学んでからは、家族に対して一切「もう、これ片付けてよ！」と言うセリフを言ったことがありません。これは意識して言わなくなった訳ではなく、「まずは自分の片付けを終わらせてください」という先生の指導を守っているだけです。実際、自分の所有しているモノと向き合っていると、家族の荷物のことをかまっている暇がありません。フルタイムで残業も多い私なので、週1回のサポートが入る1時間以外は、家事をしながら、お風呂に入りながら、トイレに入りながら、ちまちまと目についた部分を整理しています。それでも、今まで「家族が片付けないから」と言い訳していた自分が恥ずかしくなるくらい私のモノも多く、月に100kg以上のゴミを出しているのに、「まだこんなにある！」と驚いています。こんなにモノを持っていなくても、私の生活は成り立つのだと気づきました。残したモノたちは丁寧に扱い、磨くことも増えました。そうしていたら、家族が勝手に自分の持ち物を見直すようになったのです。

「この部屋を、こういう風に使いたいんだけど、どう思う？」と相談もするようになりました。私の言いたいことをはっきり伝える。はっきり伝えるけれど、家族に合わせます、というスタンス。家族からこうしたいと言う意見が出たら、割とすぐに引きます。そのうえで、「じゃあ、これはどう？」と違う案を出します。時間がないと言う夫には、「絶対に捨てないから、移動させてもいい？」と、荷物を一箇所に集める作業をしています。私のモノを捨てて空いた空間は、全て夫の荷物で埋まっているのが現状ですが、それは私の荷物ではないので、責任を感じて自分を責めることがなくなりました。家が散らかっているのは私のせいだと、本当に自分を責めて生きてきたのだと実感しました。

娘たちは、もっと積極的に変わってきました。執着するモノと、そうでないモノをハッキリ分けられるようになっている気がします。ただ、行動力が追いついていないことも多いですね。思っているだけで、まったく動いていないことがありますが、それは私も同じなので責めたりしません。娘たちからは、「お母さんは、最近楽しそうに片付けしているよね」と言われています。余裕というのは大事ですね。

再度お伝えしますが、「片付けなさい」では、家は片付きません。「片付けなさい」では、家族は片付けてくれません。ですから、ここで脳を切り替えましょう。使うのは、しつもんです。**家族自身が持つ、「片付けがしたい」という気持ちを、しつもんでサポートしましょう。**

それは、家族の思いに耳を傾けることでもあります。しつもんをきっかけに、家族のコミュニケーションが増えて、お互いに理解が深まれば、思いやりも増えます。家族のことをより理解し、相手の気持ちをより大切に扱うようになるので、結果、家族の関係も大きく変化していくのです。

第3章からは、どんなしつもんを、どのように使うと効果的なのか、「片付けしつもん」について詳しくお伝えしていきます。ぜひ、ふだんの会話に取り入れて、家の中を、そして家族関係をより良くしていきましょう。

第3章

片付けしつもん基本編4パターン

第2章では、「片付けしつもん」の良いところ、さらに事例をたくさんお伝えしました。この「片付けしつもん」は、ただ思ったように、自由にしつもんすれば良いというものではありません。せっかくなら、家族から良い反応があったほうがうれしいですよね。そのために、「片付けしつもん」の基本となる四つのしつもんを、ここではご紹介します。

①「ここにいつも置いてあるのはなぜ？」
②「本当はどこに置いてあったらいい？」
③「そこに置けない理由は？」
④「置きたい場所に置けるようにするには、どうしたらいいと思う？」

基本編でご紹介するしつもんは、この四つです。相手にしつもんするときは、基本的にこの順番で聞いていきます。それでは、一つ目の「ここにいつも置いてあるのはなぜ？」から一緒に見ていきましょう。

基本しつもん①「ここにいつも置いてあるのはなぜ？」

「片付けしつもん」は、とくにリビングやダイニングなど家族みんなが共通で使う場所の片付けに役立ちます。たとえばリビングの片付けをするときには、どのようなところが気になるでしょうか。片付けスクールの受講生に聞くと、

・ソファーの上…脱いだ服、鞄
・床…鞄、ランドセル
・ダイニングテーブル…子供が学校でもらったプリント類、やりかけの宿題
・ダイニングのイス…上着、鞄

これらのモノが置きっぱなしになってリビングが片付かないで困っている、との声が聞かれます。あなたのご家庭でも、家族のモノがリビングに置きっぱなしで、片付かないとお困りかもしれませんね。

モノが置きっぱなしになるのは、どうしてでしょうか。それは、**置き場所が決まっていないからです。**片付けの専門用語で言うと「定位置」。たとえば学校で配布されたプリントなら、「ママに見せるプリントは、ここに置いてね。ここに置いておいたら、ママが見るからね」と、会社の書類置き場のように「置き場所」が決まっていないからなのです。

服や鞄も同じです。外出先から帰ってきて、まずリビングに行くとします。荷物をリビングに置いて、手洗いやうがいなどをする。そして、その次の行動は何をしているでしょうか。一旦、ソファーやダイニングのイスなどに置いた服や鞄を、すぐに自室に持っていくようにすれば、置きっぱなしにはなりません。しかし実際のところは、それをしない人がとても多いのです。

「明日また使うから、リビングに置いておく」「いちいち部屋に持っていくのが面倒くさい」「リビングに置いておくのが楽」など、リビングに置くのには、**その人なりの理由**があります。

ただ、そのままではリビングが片付きません。片付けをする側は、家族が揃う場所ほど片付けて落ち着ける場所にしたいと思っているわけですから、困ってしまいますよね。「私が片付けても、みんなが散らかす」とグチの一つも言いたくなります。ですが、片付けるように家族に声掛けをしたとしても、たいていは、「ええー、面倒くさい」「僕は困っていないし、これでいいから」などと言って、動いてくれないのです。このやり取りに、ほとんどの方があきらめているのではないでしょうか。

そこは、もう少し深く家族に話を聞けば、そして話をすればいいのですが。「それでなくとも片付かなくて不快なのに、家族と話をしなければいけないなんて、お互いにイラっとしそうです」と、よく受講生も言われます。たしかに、ふつうの会話をしようとすれば、ケンカになってしまうことでしょう。それでみなさん、ケンカをしたくなくて言わなくなるのです。そして、何も言わなくなるから片付かないのです。

ケンカにならない言い方があるとしたら、どうでしょう？　知りたくないですか？　**ケンカにならない声かけが、「しつもん」なのです。**「片付けてよ」という命令の形ではなく、「しつもん」の言い方に変えて声をかけるのです。

最初のしつもんは、**「ここにいつも置いてあるのはなぜ？」**。

リビングのソファーや床に置きっぱなしにしているモノについて、「ここにいつも置いてあるのはなぜ？」と、聞くところから始めましょう。

「片付けしつもん」には、聞くときに心がけたい、大切なポイントがあります。

それは、**「上から」の聞き方をしないこと。純粋な疑問から相手にしつもんをするようにしましょう。**

「ここにいつも置いているの、なんでなの！」「なんでいつも、ここに置いておくの！」。私たちはつい、このような「上から」の聞き方をしてしまいがちです。心の中でムカムカ、イライラしていると、聞き方も相手を責めるような強い口調になってしまいます。そのような言い方は、「片付けしつもん」にはNGですから、覚えておいてください。

「（不思議に思っているのだけれど、）どうしてここにいつも置いてあるの？」「いつもここに置いているけれど、どうしてなのかな？」。子供が「これ、なあに？」と聞くような、純粋な聞き方。**聞く側が本当に疑問に思っていて、その素朴な疑問を率直に尋ねるようなニュアンスで相手に聞くのが、「片付けしつもん」の効果を上げる秘訣です。**

しつもんをすると、何がわかるのでしょうか。**相手が、そこに置いてしまう理由がわかります。しつもんをすることで、相手に、どうしてそこに置いてしまうのか、理由を考えてもらうことができます。**相手からは、しつもんした側の想定外の答えが返って

くることがあります。その理由を聞いて、「そういう理由だったの？」と驚き、「なるほど、そうだったね」と深く納得するのではないでしょうか。ここで、実際にあった例をいくつかご紹介します。

ダイニングテーブルにいつも薬を置きっぱなしにしているケース

「ここにいつもお薬を置いているのは、なぜかな？」

「いつも見えるところに薬を置いておかないと、飲み忘れてしまうんだよ」

いつもテーブルに薬を「置きっぱなし」にしている。なぜかと理由を聞いてみたら、薬の飲み忘れを防ぐためでした。なら、どうしたら飲み忘れを防ぎつつ、片付けられるのか？　理由がわかると解決法が見えてこないでしょうか。

片付けることばかりに意識が向いてしまうと、「出しっぱなしにしていないで、薬箱に入れてよ」「引き出しにしまってよ」と言いたくなります。

けれど理由がわかれば、「だったら、この端に寄せて置いてね」「透明のケースを用意して、その中にまとめて入れてもいい？」「お客さんが来たときは、透明のケースごと避けさせてもらうけど、ふだんは置いておいても大丈夫だから。それでも良いかしら？」と**お互いにとって心地の良いルール**を作れますよね。

片付けを進める中で、ぜひ知っておいていただきたいことがあります。**実は、片付けをするあなたが「加害者」になることがあるのです。**とくにお年寄りは、片付けの「被害者」になりがちです。机に置きっぱなしにしているように見えて、実は紛失や場所の失念を避けるためにやっていることかもしれません。また、部屋の邪魔そうな場所に置いてあるタンスや椅子の位置も、実は転倒しないための支え代わりなのかもしれません。その方にとっては合理的な理由があって、そこに置いているのです。

しかし、周りは「片付けていない」と勝手に判断し、本人に断りなく片付けてしまうことがあります。一見きれいになっても、ご本人にとっては置き場所がわからなくなる、家の中でスムーズに行動しにくくなる困った事態です。**良かれと思ってしたことが、相手に困り事を引き起こしているかもしれないのです。**

しつもんは、相手が困っている問題を理解するためのもの。聞く側だけでなく、聞かれる側にとっても、「こちらの思いを理解しようとしてくれているのだな」と感じ取れます。相手を理解するきっかけになるのが、しつもんなのです。

脱いだ上着をリビングのイスに掛けっぱなしにしているケース

「服をいつもここに引っ掛けているけど、なぜここに掛けているのかな？」

「だって、また朝になったらこれを着ていくから」

服を掛けておく場所が用意されていないので、掛けっぱなしになっているのです。このような場合は、服を掛けておく場所を一緒に作ることをおすすめします。**わざわざ別の部屋に持っていかなくてもいいように、リビングの中に置き場所を用意してしまうのも、有効な解決策の一つです。**

たとえばリビングの中の、なるべく動線上のちょうどよい場所に、ちょっとお洒落なハンガーパイプのようなモノを置いてみる。カフェのように壁にフックを取り付けてもいいかもしれません。リビングに置きっぱなしなら、そのリビングに家族が使いやすい「置き場所」を作ってしまうのです。

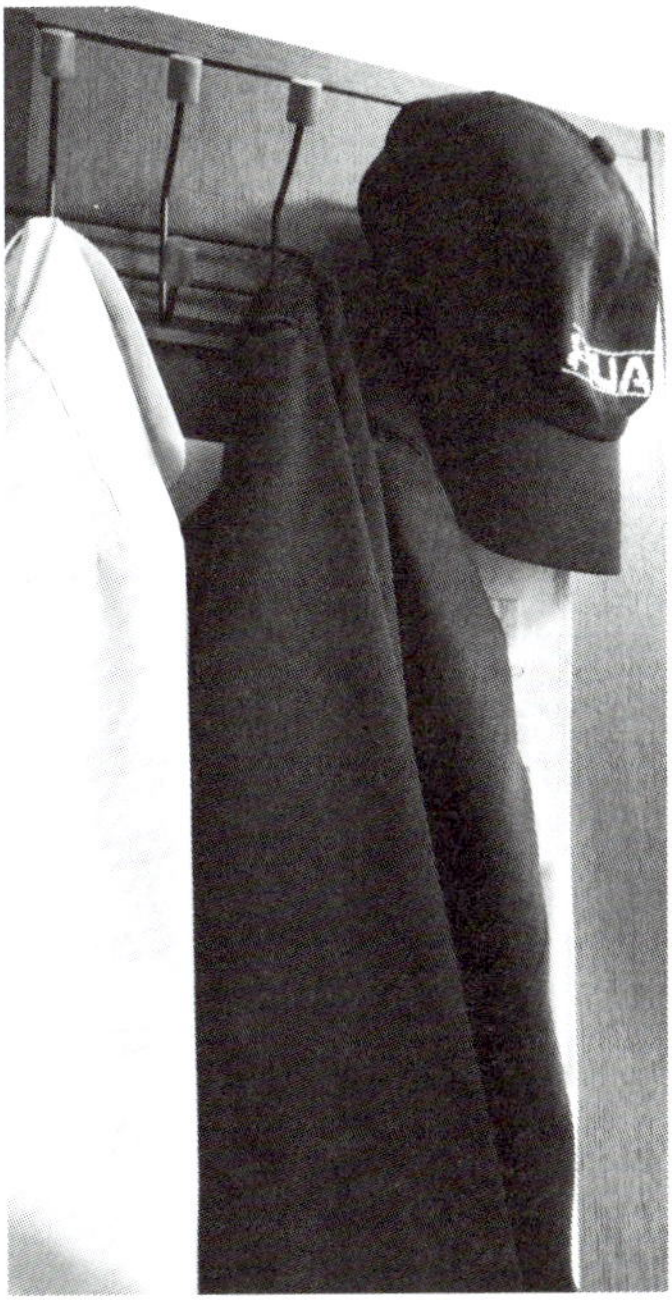

ドアなど動線上の
ちょうどよい場所に、
フックをつけるのもあり！

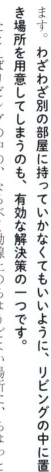

ランドセルを床に放りっぱなしにしているケース

「ランドセルを置く場所があるのに、ここに置いているのはどうしてかな？」

「だってママ、ランドセル、重たいんだもん。持ち上げるのが大変なんだけど」

「そうか…たしかに重たいランドセルを持ち上げて棚に置くのはしんどいよね」

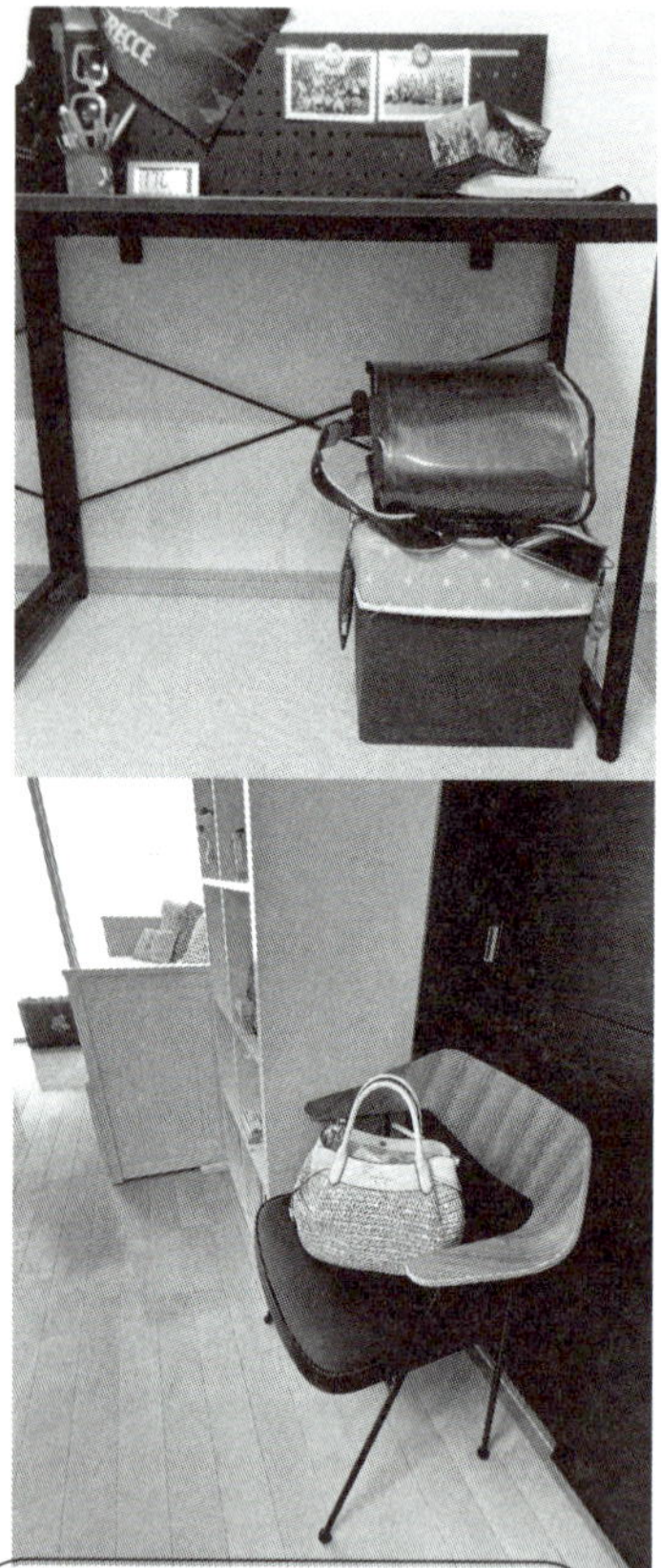

ランドセルもカバンも
置き場所を作って
あげると片付けやすい！

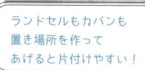

小学校低学年など、まだ体が小さいうちは、重たいランドセルを持ち上げて棚に収めること自体「無理」に近いこと。置き場所があるのに「しまわない」のでなく、重たくて「しまえない」のです。

そのような場合には、たとえば、かわいいクッションを床に置いて、「ここにあなたのランドセルを置くのはどうかな?」と、**ランドセルを置く場所**を作ってあげるのはいかがでしょうか。

床に置きっぱなしでは片付いて見えないものも、場所を作ってそこに置くようにすると、片付いて見えるもの。**我が家では、座る用のイスとは別に、鞄を置くためのイスをリビングに置いています。**外出先から帰宅したら、そのイスの上に鞄を置きます。ポンと置いているだけなのに、イスの上にあると片付いて見えるのがうれしいところです。

基本しつもん②「本当はどこに置いてあったらいい？」

「ここにいつも置いてあるのはなぜ？」
「では、こうしてみてはどうかな？」

こんな会話をすることで、お互いに納得がいくような解決策が見つけられたらうれしいですよね。しかし、「こうしてみるのはどう？」と提案してみても、なかなか解決策が見出せないことがあります。そのようなときに使いたいのが、二つ目のしつもん**「本当はどこに置いてあったらいい？」**です。

「この服、ここにいつも置いてあるのはどうして？」

「仕方がないんだよね。本当はきちんとしまいたいんだけど、入れるところがパンパンで……」

「本当はどこに置きたいの?」

「できれば、玄関のところに洋服掛けがあったらいいかな」

「本当はどこに置いてあったらいい?」「本当はどこに置きたいの?」というしつもんは、聞かれた側に片付けを考えるきっかけを与えます。「本当は」という言葉がポイントです。**「本当は」と聞かれるからこそ、「私は、本当はどこに置きたいのかな?」「そうか、本当はここにあったらいいんだよね」と、表面的な解決ではない、自分にとってより快適なやり方を考えていけるのです。**

このしつもんは、相手に「思っていることを言っていいんだよ」と促すメッセージでもあります。しつもんされる側は、自分の気持ちを聞いてもらえてうれしいですし、「言ったらママが怒るかもしれないから言えなかったけど、こうしたい、って言ってもいいのかな？」と、**自分の本音が言いやすくなるのです。**

ただ、「本当はどこに置いてあったらいい？」というしつもんに対して、「わからない」という答えが返ってくることがよくあります。相手にしたら、どうするのがいいか、本当に見当がつかないからです。**そのようなときには、「だったら、ここはどうかな？」「ここがいいかな、それともこっちのほうがいい？」と、選択肢を提案してみましょう。**いくつか選択肢を提示して、それをもとに考えてもらうようにすると、相手も考えやすくなります。

仕事鞄を床に置きっぱなしにしているケース

「いつも鞄をここに置きっぱなしにしているけど、どうして?」

「疲れて帰ってきて、片付けるのは、ちょっと面倒くさい。ここに置いておくのが楽だから」

「この鞄、どこにあったらいい?」

「いや、その辺でいいんだけど」

「これ、どこにあったらいい?」としつもんしたら、「いま置いてあるところでいい」と言われてしまうケースです。ご本人はそれで不便はないのかもしれませんが、他の家族、とくに片付けをしている人にとっては邪魔に感じて困っているのです。鞄を置きっぱなしにしていることで、奥さまがどんなに困っているのか、家事をしていないと想像しにくいのかもしれませんね。

そのような場合には、「ちょっとイスとか床とかに鞄が置いてあると、私が掃除のときに困るから、この近くに鞄を置く場所を作ってもいい？」「このカゴの中に鞄を入れるのはどうかな？」と提案してみましょう。あなたが困っていることを相手が想像できるように、「掃除のときに邪魔だから」「友達が急に来たときに恥ずかしいから」などと、**どうして困っているのか、しっかり説明するようにしてください。**そのうえで、相手の言う理由が「楽だから」なら、相手も楽なまま、こちらもうれしい解決策を会話しながら見出していきましょう。

ここで気をつけてほしいのが、片付け上手な人です。片付けられる方は、すぐに解決策を思いつきます。相手が考えあぐねているのを見かねて、親切心でつい「ここに置いたらいいじゃない」と教えてしまうこともあるでしょう。しかし、「片付けしつもん」では、それはガマン。**選択肢の一つとして提案することはあっても、どうするか考えて決めるのは相手です。**片付け上手な人から見たら、非効率的で適切でない「答え」だとしても、それを正すのはNGなのです。

もし自分が言われるとしたら、どうでしょうか。自分の気持ちを聞かれることなく一方的に解決策を示されるのと、「ここはどうかな？」「こうするのはどうだろう？」としつもんを重ねながら解決方法を考えていくのとでは、同じことを言われたとしても、聞こえ方が変わるのではないでしょうか。同じ「解決策」でも、おそらく本人の納得度が違うはずです。一方的に相手が決めたことは、反発したくなりませんか。逆に、**自分が納得して出した方法なら、自分から取り組もうと思えるし、継続しやすいのです。**

基本しつもん③「そこに置けない理由は？」

片付けしつもんの三つ目は、**「そこに置けない理由は？」**です。

もし本当に「自分にとって、このやり方がいい！」と思う方法があるなら、その方法を使っているはずですよね。しかし、その方法でやっていないのだとしたら、何かやらない理由があるはずです。

「本当はどこに置いてあったらいい？」と聞かれて出た答えは、必ずしも「本音」「心から思っていること」とは限りません。「怒られるから、こう言っておいたほうが無難かな」「たぶんこう言ってほしいんだろうな」と、**相手の考えを予想して言っている場合もあります。**「そこに置けない理由は何かな?」と、相手がまだ言葉にしていない、本音のところに耳を傾けてみましょう。

ダイニングテーブルにいつも薬を置きっぱなしにしているケース

「ここにいつもお薬を置いているのは、なぜかな?」

「いつも見えるところに薬を置いておかないと、飲み忘れてしまうんだよ」

「本当はどこに置いてあったらいい?」

「いや、箱の中に収納できたらいいんだけど」

やり取りの中で、「どこに置いてあったらいい？」と聞かれて、「箱の中に収納する」と答えています。しかし、「収納できたらいいんだけど」という言い方から、実際には「そうはしていない」のが伝わってきますよね。

「本当はここに片付ければいい、ってわかっているのだけれど」「ここに置けたらいいんだけどね」という背景には、さまざまな思いが隠れています。本音では「そこに置いていても、いいじゃないか」と思っているけれども、遠慮して言えずにいるのかもしれません。あるいは、「そこに置いてはいけないのではないか」と思い込んでいるのかもしれません。

そこで、三つ目のしつ

もん「そこに置けない理由は？」を投げかけてみましょう。

「そこに置けない理由があるなら、良かったら教えて」

「うん、実は、引き出しとか箱とかに入れて、目につかなくなってしまうと、忘れてしまうんだ。だから、目につくところに置いておきたいんだよね」

おそらく本音に近い部分での理由が聞けることでしょう。片付けてと言う側も気づいていない、意外な理由が出てくることも多いです。**本音に近い理由が聞けるからこそ、相手への理解が深まります。**そして、片付けてほしい側と、片付けられない側との両方が合意できる方法は何か、模索していけるのです。

基本しつもん④「置きたい場所に置けるようにするには、どうしたらいいと思う？」

片付けしつもんの四つ目**「置きたい場所に置けるようにするには、どうしたらいいと思う？」**は、一緒に解決策を見出すスタンスのしつもんです。

三つ目のしつもん「そこに置けない理由は？」で、相手の本音に近い理由や思いを知ることができました。それをふまえて、「じゃあ、どうしたらいいと思う？」と相手に聞き、**一緒に解決策を考えていきましょう。**残念ながら、家族が片付けられないのは、片付けられる人のせいでもあります。いつも家族に「こうして」と片付けのやり方を指示していると、家族が主体的に片付けられるようにはなりません。厳しい言い方かもしれませんが、**家族の反応は、あなたの行動の結果なのです。**言いたくなる気持ちはとてもわかります。けれど、ここがガマンどきです。言わずに、まず聞く。自分が勝手に片付け方を決めて家族に言ってしまうパターンは、もう手放しましょう。自分自身が変わらなければ、家族も変わらないのですから。

大切なのは、まず相手に聞くことです。もしかしたら、「本当はこうしたいのだ」という本音が聞けるかもしれません。「そもそも片付けなくていいんだ」という答えが出てくる可能性だってあります。もし自分に「こうすればいいのに」という考えがあったとしても、それを相手に言うのは最後の最後です。先に、相手の考えを聞きましょう。

しつもんすること、相手に聞くことは、「あなたには決める権利があるんだよ」と、暗に伝えることになります。それまではあなたが決めていたかもしれませんが、これからは違います。「あなたの気持ちを聞きますよ」「あなたが決めていいし、あなたには決める選択肢があるんですよ」と、相手にしつもんすることで、あなたのそのスタンスを相手に示しましょう。

とはいえ、今まで片付かなかったのだから、「片付けしつもん」を始めたとしても、すぐに答えが出せないのではと不安に思う方もおられることでしょう。その気持ちも、よくわかります。たしかに、人によってどう片付けたらいいかアイデアが出てこないこともあるのも事実です。

ただ、私がお客様にしつもんするときも、ほとんどの方が「こうしたらいいんじゃないか」という案を思いついて答えています。片付けられる人のやり方のように、スマートなやり方ではないかもしれません。しかし、その人にとっては、そのやり方が合っているのです。

これまで片付かなかったのは、やり方が合っていなかったから。いくら「正しい」方法でも、自分に合っているとは限りません。まして、人から一方的に押し付けられたやり方では、自分が決めた片付けではないため、どうしてもやる気が失せてしまいがちです。**片付ける本人が楽で、その本人が思いついたやり方を取り入れると、とたんに片付けが進み出します。**しかも、その人が思いつくやり方が、その人にとって取り組みやすい方法なので、続けやすくリバウンドもしづらいのです。

ランドセルを床に放りっぱなしにしているケース

「ランドセルを置く場所があるのに、ここに置いているのはどうしてかな?」

「だってママ、ランドセル、重たいんだもん」

「そうか……たしかに重たいランドセルを持ち上げて棚に置くのはしんどいよね。本当はどこに置いてあったらいいのかな？」

「イスの上とかに置けたら、明日の準備で教科書を入れるのが楽なんだけど」

「そうなんだ。今はランドセルをずっと床に置いているけど、イスの上に置いていないのは、何か理由があるのかな？」

「ランドセルを置いていたら、ご飯のときに座れないし、ママに『片付けなさい』って怒られると思って……」

「そうだったのね……。じゃあ、どうしたらいいと思う？　ランドセルが重たいから、少し低めのところに置きたいかな」

「床に置いておけたら楽なんだけどなあ」

片付いていないのは、「モノの住所」である収納場所が決まっていないから。たいていは、置く場所がないことが原因です。しかし、置く場所を決めていても、そこに置かなくて片付かないこともあります。**置く場所が、本人が置きやすい場所、置きやすいやり方になっていないからです。**

ランドセルを床に置くのは、本人にとって床が置きやすいから。四つ目のしつもん「置きたい場所に置けるようにするにはどうしたらいいと思う？」を使って、コミュニケーションをしながら一緒に置き方を考えていきましょう。

仕事鞄を床に置きっぱなしにしているケース

「いつも鞄をここに置きっぱなしにしているけど、なんで？」

「疲れて帰ってきて、片付けるのは、ちょっと面倒くさい。ここに置いておくのが楽だから」

「この鞄、どこにあったらいい？」

「いや、その辺でいいんだけど」

「そっか……床に鞄が置いてあると私が掃除のときに困るから、鞄を置く場所を作っていいかな？」

「だったら、そこの棚に鞄を置けたら楽なんだけど」

「そうなのね。今は床に置いて、鞄を棚に置いていないのは、何か理由があるのかな？」

「棚に置くところ、ないよね？　棚の中のモノを、どけないと置けないんだよね。どけるのは面倒くさいから、だったら床でいいかなって……」

「そうだったのね……。じゃあ、どうしたらいいと思う？　たとえば、お店みたいに、このカゴの中に鞄を入れるのではどうかな？」

同じ家族でも、それぞれ得意不得意も、価値観も違います。相手には相手の考えがあるし、相手にとって「良いやり方」が自分と同じとは限りませんよね。しつもんをすると、それが本当によくわかります。家族にしつもんをして、家族の気持ちや考えを聞くようになると、「え、そんなふうに考えていたの？」「なるほど、だからそうしていたのか」と、**たくさんの発見**があることでしょう。そのたびに、よりいっそう家族のことを知っていけますね。

片付けしつもんをきっかけに、家族とコミュニケーションを取りながら、一緒に「どうしたらいいか」を考えていきましょう。**片付けを、家族にとっても「自分ごと」「自分たちごと」にするのです。**やり取りには、ときにガマンを必要とすることもあるかもしれません。けれど、その積み重ねが先々に良い影響をもたらすのです。相手の気持ちや価値観を聞くことが習慣化し、当たり前になってくると、ふだんの家族の会話も変わってきます。

たとえば子供の進路選択の場面でも、親が「この高校に行きなさい」と進路を決めるのでなく「卒業したら、どうしたい？」「高校に行きたい？　行きたい高校はどこなのかな？」と、**まず相手の意志を確認するようになります。**子供が行きたいと言った高校が親には適切だと思えないときに、以前のコミュニケーション方法のままだったら、「そんなに遠い学校に、３年間通うのは大変なんじゃない？　もっと近くの高校にしなさい」と言ってしまって、子供に反発を受けていたかもしれません。

ですが、しつもんのコミュニケーションを身につけた親御さんならば、「そこに行きたいんだ。どうしてなの？」「なるほど、その高校に入りたい部活があって、だからその高校に行きたいのね」と、**子供の価値観や願いに耳を傾け、子供の選択を尊重し、応援できることでしょう。**

もし、子供が迷っていたり、わからなくて困っていたりするときにも、「こうしてみては？」「こういうのは、どうかな？」と提案する。選択肢として提案はするけれども、決めるのは本人。最後は自分が選んだ、自分で決めた、という経験ができるように支援する。しつもんは、相手を思いやることであり、相手の選択を応援することでもあるのです。

NGしつもんに要注意！

「片付けしつもん」は素晴らしいものなのですが、聞き方を間違えてしまうと、残念な結果が待っていることもあります。ですので、ここでは同じしつもんであっても、避けたほうが良い「NGしつもん」について触れておきます。

NGしつもん①「ここに置いたらどう？」

一見、しつもんの形をとっていますが、伝わるニュアンスが違います。片付けしつもん②で、片付け上手な人が「ここに置いたらいいじゃない」と、つい教えてしまいたくなることに注意しようとお伝えしました。このNGしつもん①「ここに置いたらどう？」は、それと似ています。「ここに置くべきなのに、置かないのはダメだ」「言うとおりにして、ここに置くべきです」と、強く要求しているように聞こえないでしょうか。

本人がどう置きたいかを考えていることを聞かないで、「ここに置いたらどうですか」と言ってしまうのは、しつもんにはなりません。圧力のある提案になってしまいます。聞いた側は、その通りにしないといけないような、プレッシャーを感じてしまいますから、それでは意図しない片付けになってしまうでしょう。

もし言うとしても、本人が考えたうえで、それでも「どうするのがいいかわからない」という場面で、提案として言う程度に留めるのが賢明です。ついつい、片付けができる人、片付けが得意な人は、言ってしまいがちな「しつもん」なので、気をつけたいところですね。

NGしつもん②「いつ、片付けるの？」

これもまた、言ってしまいがちな「しつもん」です。「片付けなさい。いつ片付けるの？」と、セットで言ってしまうことだってあるかもしれません。この「いつ、片付けるの？」も、聞く人にプレッシャーを与える「しつもん」です。暗に、「今すぐ片付けなさい」「いつ片付けをするか決めて、約束を実行してよね」と、片付けを強要するように聞こえます。

いつ片付けをするか、期限の話がしたいのだったら、ぜひ「いつだったらできそうかな?」という聞き方をしてみてください。

NGしつもん③「これ、捨てないの?」「これ、捨てていい?」

あなたから見れば、捨てるべき「不用品」かもしれません。しかし本人にとっては、捨てたくない、大事にとっておきたいモノなのかもしれません。それを一方的に、自分の価値観で「捨てる」と言ってしまうのは、NGです。捨てるかどうかは、本人が決めること。お母さんが「捨てないの?」と声かけをしても、家族がそれを捨てて片付けることは、ほぼないと思ってよいでしょう。本人が捨てる選択をしなければ、モノは動かないからです。

「これは、どうしたい?」と、まず希望を聞きましょう。そのうえで「じゃあ、どうしたらいいと思う?」と、これからのことを一緒に考えていきましょう。

どのしつもんも、ついついやってしまいがち。きっと思い当たる方も多いのではないでしょうか。ですが、気づいたときがやめどき。もう言わなければ良いだけです。良い「片付けしつもん」を心がけていきましょう。

第4章

片付けしつもん
応用編
3パターン

前章では、「片付けしつもん」の基本編として、四つのしつもんをご紹介しました。基本編のしつもんは、自分自身が片付けるとき、または片付けてほしい相手に行動にうつしてもらいたいときに使います。片付けをする人に、直接問いかけるときのしつもんです。

そして本章では、応用編のしつもんをご紹介します。応用編は、誰か一人だけが片付けをするのでなく、他の人も巻き込んで「みんなで」片付けを進めていくためのしつもんです。

家族を巻き込む片付けしつもん

改めて、考えてみましょう。家の片付けは誰がやることなのでしょうか。「自分一人が片付けをしなければならない」ものではないはずです。これまで多くのご家庭をサポートしてきて、気づいたことがあります。片付けができないと悩んでいる人の多くが、「片付けは、私がしないといけない」「片付けは、主婦である私の仕事だ」と、**片付けを「一人で抱え込んでいる」のです。**

片付けが得意でない人も、「片付けは私がやること。私が片付けないと！」と思って取り組んでおられます。なかにはフルタイムでお勤めしていて、子供やペットの世話もしつつ、何ならご主人よりも忙しいときでも、「片付けをしなきゃ！」と頑張っている人まで！　その気持ちに頭が下がりますが、体は一つしかありませんし、時間は平等に24時間。気持ちだけではどうにもならないこともあるわけです。


たしかに、夫婦二人で暮らしているときには、奥さまだけでも十分に片付けられたかもしれません。しかし、出産や介護などでケアをする対象が増えたら、そこはどうでしょうか。片付けをする人数を増やさずに、自分一人で何とかしようと頑張ったとしても、負担が大きすぎて対応しきれなくなるときが必ず来ます。私はこれまで、そのようなご家庭をたくさん見てきました。

だからこそ、片付けに家族を巻き込むために、応用編のしつもんを活用していただきたいのです。ご紹介するのは、次の三つのしつもんです。

①「助けてもらえる？」
②「手伝ってもらえる？」
③「これ苦手だから、できる人いるかな？」

片付けを「私だけで」やる必要はないのです。**家族にも動いてもらって、「みんなで」片付けをしていきませんか？** 応用編のしつもんは、家の片付けをマネージメントするためのしつもんです。家族の力を活かして、家の中を片付けていきましょう。

応用しつもん①「助けてもらえる？」

一緒に片付けをしてくれないか、家族にお願いする場面を想像してみてください。あなたは家族に、「この場所の片付けを、やってもらえる？」と声をかけます。さて、家族はすぐに動いて片付けてくれるでしょうか。

「イヤだよ。今は忙しいし」「えー、面倒くさい」などと、あれこれ理由をつけて、なかなか手伝ってもらえないかもしれませんね。

では、そのしつもんを、「この場所の片付け、助けてもらえる？」と言い換えてみたらどうでしょうか。実は、「助けて」には、言われた側がノーと言いにくい特徴があります。**人はだれかを助けたいもの。「助けて」と言われたら、助けたほうがいいように感じませんか？** むしろ、助けないと悪いような気持ち

にさえなってしまいます。だれかに助けてほしいと言われると、「助けません」とは、なかなか言えないのです。

私たちが相手に「助けて」とお願いするときは、自分自身が相手より下に降りて、相手を上の立場だとみなしています。**「助けて」は、上から高圧的に言うのでなく、下から相手を尊重して言う言葉です。**それだけに、相手も気持ち良く「いいよ」と言いやすいのでしょう。とくに子供たちは「助けて」と言うと、喜んでやってくれますよね。子供たちは親に「ありがとう。助かったよ」と言われたら、もっともっと助けようとしてくれます。

子供たちだけではありません。ご主人に「助けて」と言うときも同じです。想像してみてください。奥さまから、「この場所の片付け、やって」と言われるのと、「この場所の片付け、助けて」と言われるのとでは、どちらがより協力する気持ちになるでしょうか。そのときの言い方やタイミングにもよるでしょうが、おそらく「助けて」と言われたほうではないでしょうか。

とはいえ、「そんな……『助けて』なんて言えないです」と言われる方もいらっしゃいます。そのような方にこそ、家族に「助けてもらえる？」と言っていただきたいのです。なぜなら、**人に甘える練習になる**からです。家が片付かない人の中には、人を頼れずに自分一人で抱え込んでしまっていることも多いとお伝えしました。片付いていないのは、自分が許容量以上に抱え込みすぎているから、甘えられていないから、なのかもしれません。

ぜひ勇気を出して「助けてもらえる？」と、しつもんしてみてください。少しずつでも、周りに甘えること、周りの力を借りることに慣れていただけたらと思います。

応用しつもん②「手伝ってもらえる？」

家の片付けが、家族にとっても「自分ごと」になったらうれしいですよね。「手伝ってもらえる？」は、そのきっかけ作りができるしつもんです。

家族は、「片付けはお母さんの仕事」だと思っているかもしれません。けれど、片付けを手伝うようになると、徐々に「自分自身も片付けをする」のが自然なことになっていきます。結果、家族も「家の片付けをする人」になります。**傍観者だったのが、片付けの当事者に変わるのです。**

ぜひ「手伝って」と家族にも協力を呼びかけ、家族を片付けに巻き込んでいきましょう。片付けは手伝うもの、そして自分ごとに。**「一緒に片付ける文化」**を家族の中に作っていきましょう。

もし家族に断られたら？

「家族に手伝ってもらえたらうれしいですけど、私が『手伝ってくれる？』と言っても、家族は『いやだ』とか『面倒くさい』とか言いそうです。そういうときは、どうしたらいいですか？」

これも、よく聞かれることです。それまでの家族関係や、家の片付き具合、会話のあるなしなど、解決策は一つではないでしょう。では、家族に協力してもらうために、どんなことができるでしょうか。

まず、相手に声をかけるタイミングを選ぶこと。「手伝って」と言うときには、**相手がどんな状態かをよく見て、言うタイミングを見計らうことがとても大切です。**想像してみてください。自分が「手伝って」と言われる側だとしたら、どうでしょうか。どんなときに「手伝って」と言われたら、「いいよ」と言

いやすいですか？　手伝う気持ちがあったとしても、自分が忙しいときや疲れて余裕がないときに「手伝って」と言われたら、「ごめんなさい」と言いたくならないでしょうか。相手が今、聞ける状態かどうか、時間や心の余裕がありそうか、相手の様子をよく見ることは、相手への思いやりにもつながると思いませんか？　そのうえで、お願いしても大丈夫そうか、タイミングを見計らって声をかけるようにしましょう。

相手にとって、何をすればいいのかがわからないことも、手伝うかどうか判断しにくいですよね。**どんな困りごとがあるから協力してほしいのか、何をどう手伝ってほしいのかを伝えたうえで、「手伝ってくれる？」と聞いてください。**何をどう片付けてほしいのかを具体的に伝えてもらえると、言われた側も「それだったら、すぐに手を貸せそうだな」とか、「今すぐは無理だけど、週末だったら手伝えそう」などと検討しやすいのではないでしょうか。

あなたは頑固になっていませんか？

また、相手との関係性が悪いままなのに「手伝って」と言うのも、相手から協力を得るのは難しいでしょう。逆に、仲が悪化している相手から「手伝って」と言われて、手を貸したいと思うでしょうか。「手伝いたくない」と思ってしまうかもしれません。

人に頼むことは、謙虚になることです。「手伝ってくれる？」と言うには、相手に気をつかう必要があるのです。親しき仲にも礼儀あり。**家族に協力してほしいなら、一度プライドを手放して、謙虚になってみませんか？**

ここに関しては、「どうして毎日頑張って片付けている私が、『手伝って』と言うのに、家族に気をつかわないといけないの？　家族は何もしていないのに！」と、理不尽に感じてイラッとすることもあるかもしれません。

ただ、一つお伝えしたいことがあります。それは、家族が手伝わない理由です。家族が手伝わないのには、きっと理由があるはずです。私はこれまで、片付けのサポートを通してたくさんの方に出会いました。たくさんの事例を見てきた中で、いくつかの傾向に気がつきました。

その一つが、**家が片付いていない、家族に協力を得られない人には、頑固な人が多いこと。**家族にしてみたら、お母さんが片付けで困っていることはわかっていたとしても、強引な物言いだったり高圧的な態度だったりしたら、ご主人や子供たちは片付けを手伝おうと思うでしょうか。家族に対して頑固だと、なかなか手伝ってもらえないのです。

逆に、**家族が手伝おうとしても本人が意固地すぎて、家族が手を出せないパターンもあります。**家が片付いていない人、片付けが苦手な人は、そもそも周りに「手伝ってくれる？」と言いません。なかには、「あなたたちは、手を出さないで！」と家族の手伝いを頑として拒否するケースも見られます。それではさすがに、手伝おうとはだれも思わないですよね。

家族を頼って「助けてくれる？」「手伝ってくれる？」とお願いしてくれるお母さんのほうが、家族も呼びかけにこたえて「手伝おうかな？」という気持ちになりやすいのではないでしょうか。

あなたが、もし「手伝ってくれる？」と家族に頼むことに抵抗感があるとしたら、それはチャンスかもしれません。**ぜひ勇気を出して、その一言を口にしてみてください。それが、あなた自身も家族も変える大きな一歩になるはずです。**

人に頼むときは、謙虚になること。良い意味でプライドを手放したことで、どんどん家族が手伝ってくれるようになった。一緒に家の片付けをしてくれるようになった。家が片付くのに伴って、ご本人も家族も変わっていかれる様子を、私はこれまで何度も見てきました。

家族に変わってほしいなら、まず変わるのは自分。自分を変えるからこそ、家族も変わっていくのです。「手伝ってくれる？」を、ぜひそのきっかけにしていただけたらと思います。

応用しつもん③
「これ苦手だから、できる人いるかな？」

片付けでも何でも、苦手なことをやれと言われたら、誰でもいやですよね。けれど、得意なことだったらどうでしょう。「え、こんなこと、すぐにできるけど」と、気軽に取り組めるのではないでしょうか。しかも、「本当に助かる！　どうもありがとう！」と感謝されたら、今度はお願いされなくても自分から「手伝おうか？」と言いたくなりますよね。

「これ苦手だから、できる人いるか

な？」は、家族で片付けを分業するためのしつもんです。**得意なことは、やりたいもの。**「これ苦手だから、できる人いるかな？」は、その才能を活かすためのしつもんなのです。

人にはそれぞれ、得意不得意があります。家族であっても、得意なことは違います。お母さんが苦手なことが、子供にはたやすいこともありえるのです。

あるお母さんは、ボタン付けなど細かい縫い物が苦手。でも「私がやらなきゃいけない」と思い込んでやっていました。お子さんは手先が器用で、作業に集中して取り組めるタイプ。ある日、ボタン付けを頼んでみたら、とてもうれしそうに、上手に仕上げてくれたのだとか。

アイロンがけが苦手で、ついため込んでしまうというお母さん。お子さんにアイロンがけを頼むと、とても丁寧にアイロンをかけてくれて、お母さんがやるよりもきれいな仕上がりで驚いたそうです。

子供にとって、自分の得意なことで家族の役に立てるのはうれしいこと。自分にはお母さんよりも上手なことがあるのだ、と自信にもつながることでしょう。さらには、お母さんが喜んでくれている。その姿が何よりうれしいし、自然と「またやろう」という気持ちになりますよね。そうして手伝ってくれているうちに、子供自身に「これは、自分がやる仕事だ」という思いが育っていきます。「家族の中で、この役割を担っているのは自分なのだ」と自分の存在意義を感じることにもつながるでしょう。家族間でも「これに関しては、○○(名前)だよね」という、その子へのリスペクトが生まれます。**子供に活躍の場、居場所ができるのです。**

自分が得意なことをやって、家族に感謝され称賛される。それをうれしく感じるのは、子供だけではありません。ご主人も、きっと同じです。

「クローゼットの上にしまった衣装ケース、重たいし、私だと背が足りないから下ろせないの。下ろすの、頼ってもいいかな?」「どう下ろそうか困っていたから、本当に助かりました。どうもありがとう」

ある程度、時間の余裕があるときに、気軽にできそうなことを頼まれて、しかも感謝までされたら、ご主人だって嫌な気はしないのではないでしょうか。

「やってもらうこと」は、相手に負担をかけるばかりではないのです。家族に頼られて、期待にこたえる。そして称賛されて、感謝される。ご主人にとっても、**家庭の中での存在意義を新たに感じるきっかけになることでしょう。**

だからこそ、家族のことをよく知るようにしたいもの。どんなことが得意で、どのようなことが苦手なのか。とくに、家族それぞれの得意や強みを知って、それを活かしてもらえるような片付けをお願いしてみませんか？　そして、家族にどんどん活躍してもらいましょう。

かしこく甘えて、家族を巻き込もう！

家の片付けを自分一人でしていると、つい「私だけがやっている」と不本意に感じてしまうこともあると思います。家族みんなで片付けることができれば、一人で抱えずにすむのに。けれど、家族になかなか言い出せない、甘え下手な方が多いように感じます。ぜひ「片付けしつもん」を活用して、積極的に家族を片付けに巻き込んでいきましょう。**家族みんなが、傍観者から当事者になってくれるのです。**家族が一緒にやってくれるようになったら「私ばっかりやっている」と感じることもなくなるはずです。

「家がなかなか片づかないのは、私が片付け下手なせい。片付けの方法を学んで私が片付け上手になったら、家はきっと片づくはず」

みなさんそう思って、スクールに学びに来られます。そしてスクールで片付けの具体的な方法や、家が自然と片づくようになる思考法を学んでいく中で、「そうか、私は全部一人でやろうとしていたのね」と気づかれます。**ご自分に意識が集中するあまり、周りにいる「頼りになる存在」が見えなくなっているのです。**

あなたのそばには、家族という頼りになる存在、「良い働き手」がいるではありませんか。もっと頼りにしても良いのではないですか？　手を貸してもらわないのは、あまりにもったいないです。

ただ、「助けて」「手伝って」と言うには、人によっては自分のプライドを捨てる必要があるかもしれません。今まで家族に言っていた「片付けて」という言葉を言わずに、「助けてくれる?」「手伝ってくれる?」と頼ってみる。気をつけていないと、すぐに言い慣れた「片付けて」を言ってしまいそうになるでしょう。慣れるまでは、かなり意識しないといけないかもしれません。

ですが、意識して使う言葉を変えていくと、それが習慣になって、新しい声かけが当たり前になる自分に変わっていきます。**使う言葉が変われば、人は変わります。**自分自身も変われるし、相手の反応も変わることでしょう。

お母さんが使う言葉を変えると、家族はすぐに気づきます。これまで散々「片付けなさい」と言っていたお母さんが、「片付けて」と言わなくなるのです。子供にしろ、ご主人にしろ、それはすぐに感じます。

言葉を変えると、心持ちも変わります。**家族に対して優しくなれるし、相手を尊重し、丁寧に接するようにもなります。**お母さん自身も、自分の内面に変化を感じるのではないでしょうか。

片付けしつもんは、「上から」ではなく、相手と対等な立場から言うことが大切だとお伝えしました。子供やご主人に、上から「片付けて」と言うのでなく、**対等もしくは下から「助けてもらえる？」と呼びかけましょう。**まだ心のどこかに、「みんなで住む家のことなのに、私が下になってお願いするの？」という気持ちは残っていませんか？　気持ちはよくわかりますが、その気持ちはいったん外に置いて、「協力を呼びかける」気持ちで、謙虚に声をかけてみましょう。そうすることで、頼まれる側の家族の気持ちも変わり、どんどん家族が手伝ってくれるように、一緒にやってくれるようになるはずです。

決して焦らないこと

ただ、焦りは禁物。「自分が変われば、家族も変わる」のは確かですが、変わるスピードはそれぞれ違います。それまでに自分が作ってきた家族の関係性も影響します。すぐに変化が出ることもありますが、なかなか変わる兆しが見えないこともあると思ってください。

うまくいかないときは、一度仕切り直しをしましょう。いったん家族への働きかけは休止。自分自身の片付けに集中してください。家族には呼びかけをせずに、一人で粛々と片付けを進めるのです。

片付けをしているお母さんの姿は、おのずと家族の目に入ります。淡々と片付けに取り組んでいる姿から、もしかしたら「片付けて！」としきりに言うよりも、はるかにたくさんのメッセージを家族は受け取ってくれるかもしれません。

家族みんなが快適にすごせるよう、いつも家の片付けを頑張っているお母さん。**その姿を見ているうちに、家族の中に「手伝おう」という気持ちが芽生えても、まったく不思議ではありません。**まずは、自分。家族が「お母さん、頑張っているな。手伝ってあげようかな」という気持ちになってくれると信じ、自分自身の片付けに集中しましょう。

言葉を変えるだけで、片付けはできるようになる

使う言葉を変えたら、人は変わる。それはつまり、言葉を変えることができたら、できなかった片付けもできるようになる可能性がある、ということでもあります。自分が口にする言葉を、一番近くで聞いているのは自分自身です。**自分の話す言葉に一番影響を受けるのも、自分自身です。**人に向かって言った言葉も、自分の耳に入ります。自分も同時にその言葉を聞くので、自分自身にも影響があるのです。

「片付けて」と言うのをやめて、「助けてくれる?」と言うようにしたら、家族が片付けをしてくれるようになっただけでなく、**家族の関係性も変わってきた**と、そう話される方は多いです。そして、それは家族だけではありません。家族以外、たとえば**職場の人間関係も変わってきた**という声も、私の元に届いています。言葉は、コミュニケーションの最初の部分です。何かしらコミュニケーションがうまくいっていないときは、使っている言葉を見直して、**使う言葉や**

言い方を変えてみてください。

片付かなくて悩んでいる方と話していると、家族だけでなく、職場でもあまり人間関係がうまくいっていないのではないかな？　と感じることがあります。それは、たとえば人が良すぎて周囲の仕事まで引き受けて抱え込んでしまっているシーンが想像できてしまうことでしょうか。他の人に仕事をお願いしたり、お任せしたりすることができない、上手に甘えられないのです。それではキャパオーバーになってしまうのも無理はありません。

言葉を変えたら、心持ちも変わりますし、

人を頼れるようになります。人の手が借りられるようになったら、自分一人ではに負えなかった片付けも、できるようになることでしょう。あなたがまず、自分の言葉を変えるのです。それが理由になって、家族が協力してくれるようになります。その結果、停滞していた家の片付けも、一緒に進めていけるようになっていきます。

それは、職場も同じです。自分が変われば、周りも変わる。職場での関係性も変わることでしょう。変化は家庭にとどまらず、職場や家族以外との人間関係にも波及します。片付けにも、他のあらゆることにも、つながっていくのです。

一つ気をつけたいのは、相手から理想どおりの反応が返ってこなくてもイライラしないこと。すぐに変わらないのは、自分がこれまで相手とどのような関わり方をしてきたか、見直しなさいというサインかもしれません。相手への接し方に何か改善すべきものはなかったか、まずは自分自身がどうだったかを見直しましょう。**長い年数をかけて培ったものを変えるには、時間を要することもあります。**同じ兄弟でも、弟はすぐに手伝ってくれるようになったけれど、兄はなかなか手伝おうとしないまま、ということもあって当然です。できなかったとしても、広い心で見守ること。できない、やらないのには、その人なりの理由があるのですから。

あなたも、同じではありませんか？　あなたが苦手にしていて、これまで積極的に取り組んでこなかったことを、「すぐに」できるようになるでしょうか。できるようになるまで、すこし待ってほしいと思うのではないでしょうか。「片付けしつもん」で働きかけをしながら、相手のペースや気持ちを尊重し、待ちましょう。**相手に変化を望んでいるのであれば、なおのこと、相手の事情や状況を思いやる心は忘れずにいたいものですね。**

しかし、自分自身の言葉や考え方、しつもんを頑張ってみても、それでも家族が動いてくれないときはどう考えて動けばいいのか？　次の章では、その辺りに触れていこうと思います。

コラム

しつもんを受け入れてもらいやすくする「色」の話

家族の活発なコミュニケーションには、「話しかけやすい」「話を聞きやすい」雰囲気を出すことが大切。そのための雰囲気づくりに、**色の力**を活用してみてはいかがでしょうか。

私はオンライン片付け専門家の他に、カラーセラピーのセラピストを養成する講師としても活動しています。インテリアコーディネーターとして、住宅会社で20年にわたり、お客様の家作りのお手伝いをしてきた経験もあります。

これらの経験を通じて強く感じているのは、色の影響力です。**自分自身の回り、環境の色を変えると、そこで暮らす人の心の状態が変わる**ことをご存知でしょうか。とは言っても、家の壁紙や家具を替えるとなると、なかなか大掛かりで大変です。そこで、すぐに取り入れられて効果を見込めるのが、**洋服の色**です。

人の印象は、大部分が目からの情報(視覚情報)から作られます。見た目が変われば、受ける印象も変わりますから、同じ型の洋服でも色が違えば、受ける印象や着たときの雰囲気も違うということです。

子供は親が思う以上に親のことをよく見ていて、敏感に変化を感じています。お母さんに感じる印象が変われば、子供が話そうとする度合いも、きっと変わってくることでしょう。

では家族が、とくに子供たちが、お母さんに対して「話しかけやすい」と感じるのは何色の洋服でしょうか。おすすめなのは、薄いピンクや淡いコーラルなどのピンク系の色、またクリームイエローのような柔らかいイエローなど、明るく淡い暖色系の色です。見る人にとって、温和で優しいイメージや、親しみやすい印象を与えます。「平和」という意味合いを持つ、空のようなペールブルーも良いでしょう。

逆に色彩心理の観点から、おすすめしない色が、黒とグレーです。龍仁ひとみ氏の著書『幸運を引き寄せる色の心理学』によると、黒は良くも悪くも「絶対的な力の象徴」とされていて、周囲に強さや怖さのイメージを与える色なのだそうです。「自分の信念を貫く」「威厳を示す」というポジティブな意味合いもありますが、「鎧」「絶望」「心を閉ざしている」というネガティブな心理状態を表すのだとか。

また、グレーは曖昧さを表す色。控えめで、相手の意見を柔軟に取り入れられる側面があります。一方で、マイナスの状態では「憂鬱」「優柔不断」という側面が出てしまうそうです。

すべての色には、プラスとマイナス両方の意味があります。色の持つマイナスの意味合いが影響して、話しかけにくい印象につながっていたとしたら、とてももったいないこと。もし、あなたが明るく淡い暖色系の色の服を着るのに抵抗がある場合は、スカーフや洋服の柄の一部など、部分的に色を取り入れる方法もあります。取り入れられそうなところから、できる範囲で試してみてください。

ちなみに、「片付けをするときに良い色はありますか？」と、時々聞かれますので、参考までに片付けに合う色も、あわせてご紹介します。

○白……………浄化を表す色。純粋無垢の象徴。
新たなスタートを切る「リセット」の意味合いも。

○レッド……「エネルギー」や「行動力」を意味する色。片付けに向けて行動を後押し
してくれます。外に向かう色で、手放しを促進させます。

○オレンジ……下腹部や大腸の辺りを象徴する色なので、
「排泄」「手放し」を意味する色。

第5章

すぐに動かない人にはどうすればいい？

「片付けしつもん」を知って、「さっそく家族に投げかけて、家の片付けに巻き込みたい！」と思われたことでしょう。ただ一つ、心にとめておいていただきたいことがあります。しつもんに対する結果は、一つのパターンではないということです。しつもんしたからといって、家族がすぐに片付け始めるとは限りません。すぐに動いてくれることも多いですが、どうしても時間がかかってしまうことも。なかなか動いてくれない家族に、「どうして？」と腹立たしく思うこともあるでしょう。

片付けしつもんを効果的にするために

家族に自分から動いてほしいなら、大切なのは「待つ」ことです。相手の事情やペースを尊重し、相手が動きたくなるまで待つ心づもりで、家族に声をかけるようにしましょう。

もちろん、しつもんがきっかけになって、家族がすぐに動き出した、片付けを始めてくれた、という報告もたくさんいただきます。すぐに動いてくれた理由を聞いてみると、家族も「実は片付けをしたいと思っていた」「片付けたいけれど、やり方がわからなかった」という答えが返って来ます。実際に取り組んではいなかったけれど、心の中では片付けたいと思っていた。だからこそ、しつもんがきっかけになって、家族がすぐに動き出したのでしょう。

逆に、家族がなかなか動いてくれなかった事例では、やはり、**それまでの家族の関係性が影響していたようです。** 関係性の良くない人から言われたことを、喜んですぐに実行したくなるでしょうか。面倒くさく感じて、断るなり先延ばしするなり、何とか「やらない」ほうに持っていきたくなりませんか。家族に「うるさく言われる」片付けも、おそらく同様なのでしょう。

では、そんな関係性の悪い家族に片付けてもらうには、どうしたら良いのでしょうか。**私たちがやるべきことは、家族が片付けをしようと思うまで待つこと。そして、家族の関係性を変えるために具体的に行動することです。**

しつもんする人の気持ちを整えよう

「家族との関係性を変えるために行動しましょう」とお伝えすると、「それは、家族とハグするとか、ですか？」とよく聞かれます。それも素敵ですが、ここでお伝えしたいのは、そういうことではありません。

しつもんをするときに、どのような気持ちで言っているでしょうか。イライラしながら言っていませんか？　お母さんは片付けができているけれど、家族ができていない場合。よく見られるのが、心の中で怒りを感じながら家族にしつもんをしているケースです。

「片付けてくれる？」。言い方は「しつもん」です。ですが、そこに込められたメッセージは、「片付けてよ！」になっていませんか？　単に家族が片付けしてくれるかどうか、知りたいだけではないですよね。すぐに片付けしてほしい、片付けさせたい、という意図も込められているのではないでしょうか。そうなると、どうしても家族に「上からの物言い」になりますし、自分が言うとおりに相手がやってくれないとイライラして、いっそう何とか家族を動かそうとしたくなります。

怒りを持ちながら、相手に言うことを聞かせようとして投げかけるしつもんでは、相手は動きません。いくら「しつもん」の形で問いかけたとしても、相手を自分の意のままに動かすことはできないのです。

しつもんを効果的にしようと思ったら、自分自身のあり方を変えなければなりません。しつもんをする前の、**自分の心の状態が大切**だということ。まずは、自分なのです。自分が変わること、自分が関わり方を変えることが先です。

これまでは、「やって」と命令するように家族に声をかけてきたかもしれません。これからは、対等な立場から尋ねることを意識してください。しつもんの言い方を使って相手に命令するのでなく、**純粋な気持ちで相手に尋ねる**のです。

「片付いていないことで、困っていないの？」「いつもここに置いているけど、困っているんじゃないかな。ここに置いておくのは、どうしてかな？」

片付いていないことで困っていない人は、いないはずです。けれど、家族からは「別に困っていないよ」「うん、僕はこれでいいんだけど」という答えが返ってくることもあるでしょう。本音のところは困っていたとしても、関係性が近いだけに、家族相手には変なところで意地を張ってしまうのですね。

まずは、意地を張らないことから

ただ、答える側も、しつもんする側も、お互いに意地を張っていては変わるものも変わりません。高圧的に言って相手を動かそうとしても、家族はよけいに動かないことは目に見えています。

しかし、**あなたが自分を変えた途端、状況が一気に変わるかもしれません。**

最初は気持ちを整えきれずに、心のどこかでイライラがくすぶっていたとしてもいいのです。まずは、試してみること。やってみることが大切です。

片付けスクールでも、受講生に「試しに、やってみてください」とお伝えしています。しかし、実際にやってみてくださる受講生は、ほとんどいません。意地があるし、気持ちが許さないのも、とてもよくわかります。変わるべきなのは相手なのに、どうして自分が変わらないといけないのか。抵抗する気持ちにもなることでしょう。

それでも、現状で困っているなら、動いてみてほしいのです。**頑なになっている心をすこし緩めて、一度、純粋な気持ちでしつもんしてみてください。**意図を持たずに、純粋に「しつもん」（だけ）をするのは、簡単ではないかもしれません。おそらく慣れるまでは、ご自分でもぎこちなく、不自然に感じられることでしょう。そこは、**完璧である必要はありません。**

行動が人を変えます。同じ言葉でも、気持ちを整えてから言いましょう。それを意識して繰り返すことで、まず「あなた自身」を変えてくれることでしょう。**最初はぎこちない「作った自分」だとしても、次第に「そういう自分」になっていくはずです。**聞く側の心持ちが変わったら、相手の反応もまた変わってくるかもしれません。家族からどんな反応が返ってくるか、試してみませんか？

【事例】 M・Iさん

我が家の場合は、子供のおもちゃの棚があふれかえっていて、私の怒りになっていました。片付けスクールで学ぶ前は、子供に対して怒りながら「いるの？いらないの？」という言い方をしていました。私の声かけがこんな感じだったので、子供は「全部いる！」と言い、おもちゃはまったく減りませんでした。

ですが片付けを学んで、子供におもちゃの棚があふれているのが気になっていることを伝えて、「よく遊んでいるモノ、あまり遊ばないけど好きなモノ、迷うモノ、手放すモノで分けてみたいんだけど、どうかな？」と落ち着いた状態で話をしたら、「それで片付けてみる！」と言って片付け始めてくれました。

今では、子供自身のタイミングで定期的に見直しをしています。おもちゃの棚もスッキリしてきましたし、私が怒ることもなくなりました。感情をぶつけるのではなく、伝えることが大切だなと思いました。

【事例】 S・Tさん

我が家は、片付けが苦手だった娘に、「自分の部屋をどんな風に使いたい？」

「どうしたら戻しやすい？」と聞くようにしたら、うれしそうに答えてくれて進んでいきました。自分で勉強机の扉を外したり、手放せるモノが多かったりして、私が驚くことも多かったです。話を聞くと、片付けを通して執着も手放せたようです。今では片付け上手になりました。

息子は、床に物を置いていたので「朝、モップをかけるから、上に置いてくれたら助かるの」と言うと、「知らなかった、いいよ！」と。やり取りで気づきがあり、それもまた面白かったです。

以前は、一方的に怒っていることが多かった気がします。家族でも価値観は人それぞれ。聞くって本当に大事だと思い、今でも気をつけています。

家族にしつもんがしづらい場合は？

怒りの気持ちを持ったままや、意地を張ることはやめようとお伝えしましたが、今後は逆に、家族に対してしつもんをしにくい場合は、どうすれば良いでしょうか。

たとえば受講生の中に、片付けを家族にも手伝ってほしいと思いながらも、家族に対して「これ、どうするの？」と聞きづらいと言われている方がいました。どうも、ビクビクしながら家族に接している様子です。家族の反応を気にしながら声をかけるので、余計に家族に反発されてしまうのだとか。それで、いっそうビクビクしてしまい、家族に言い出せないようなのです。

家族と同じ目線、対等な立場で声をかけることが大切なのは、この場合も同じです。これまでにさまざまな経緯があり、今の家族関係があるのだと思います。それでなくても聞きづらい、言い出しにくいのに、家族に「対等に」話すなんて無理！　そう感じるかもしれません。それでもあえて「対等な立場から言いましょう」とお伝えしているのは、「ここに置いてあるモノ、どうする？」「ここ、どうしようか？」などの言葉が言いにくい、コミュニケーションが取れない、そういう関係性でいることが、お互いにとって健全でないように思うからです。

そのような受講生には、私はこうお伝えしています。**「堂々と、家族にしつもんしましょう」。**ふだんの関係性はひとまず置いておき、当たり前にサラッと聞いてしまうのです。ふだんの自分では言いづらいなら、自分の知っている中で「これ、どうする？」とサラッと聞いてしまえるような人はいないか、思い浮かべてみてください。家族でも、友人でも、学校や職場の人でも、誰かいるはずです。その人になったつもりで、**「ふつうに」言ってしまうのがコツ**です。当たり前に、ごく自然に言ってしまったら、言われたほうも違和感を持ちにくいもの。家族もついうっかり「ふつうに」答えてしまうかもしれません。

片付けのことを学ぶばかりで、「できない」と可能性を自ら狭めてしまうのは、あまりにももったいないこと。物は試し。**やってみてうまくいかなかったら、そこから改善していけば良いのです。**まずは、試しにやってみましょう。その勇気が、きっと自分にも家族にも変化をもたらすのではないでしょうか。

しつもんするタイミングを考えよう

「片付けしつもん」を効果的にするために、もう一つ、心に留めておいてほしいことがあります。それは、**しつもんをするタイミングです。**相手が忙しいときに声をかけていないでしょうか。さらに言うなら、相手に話すタイミングを見計らって声かけをしているでしょうか。

たとえば、夜になってご主人が帰宅し、奥さまはずっとご主人のモノを片付けたかったので、「待っていました！」とばかりにご主人に話を持ちかけます。けれどご主人にしてみれば、仕事から帰ってきたばかり。疲れていて、片付けに取りかかるほどの余裕はありません。帰ってすぐに片付けの話をされたら、さすがに「待って、ちょっと休ませて」と言いたくもなりますよね。相手の様子をよく見て、相手に余裕があるときに声をかけましょう。相手が気持ち良く受け入れてくれるタイミングを見計らうこと。**相手が心穏やかに過ごしている「平和な時間」に、サラッとしつもんしてしまいましょう。**

思春期の子供には、どう対応する？

次に、家族の中でも声かけに気を遣うのが思春期の子供。とくに反抗期の子供には、いつ声をかければいいのやら。どれだけ気をつかってタイミングを見計らって声かけをしても、無視や反発が返ってくる。常にアウトなのではという気さえしてしまいます。

思春期の子供にどう接するか。子供の荷物や部屋の片付けはどうするか。スクールでは**「放っておきましょう」**とお伝えしています。子供には、こちらからは何も言わずに、自分で気づいてもらうスタンスです。子供のモノがどんなに散らかったままだとしても、こちらからは触れません。自分の意識は、ご自身のモノや、リビングやダイニング、キッチンなど、「子供のところ以外」の場所へ。**子供に執着せずに、それ以外の部分をどんどん片付け、整えていきましょう。**

家の中が片付いてくると、おのずと「そのままになっているところ」が目立ち始めます。片付けに関心が薄い子供でも、さすがに自分で気づくようです。そうなったらしめたもの。そう遠くない時期に、本人の片付けスイッチが入るかもしれません。

思春期の子供へ働きかける秘訣は、親が怒りやいらだちを手放すことです。イラッとしている姿を見せるのは、親をいらだたせたい、彼らの期待にこたえることにもなります。子供を何とか動かそうとするよりも、あなた自身が、自分のコントロールが及ぶ範囲をどんどん片付けてしまいましょう。そのうえで、怒りを排除した、平和な自分でいる。**「平和で穏やかな心持ちの親として子供と接するゲーム」を楽しみましょう。**これまで散々口うるさく「片付けて」と言ってきた親が、不気味なくらいに何も言ってこない。散らかっているのに、何も言わない。いつも心穏やかで、あっけらかんとしている。すると、逆に子供のほうが、「お母さん、家がきれいになったからママ友を呼ぶとか言っているけど、私のモノが片付いていないんだけど。なんか申し訳ないな」という気持ちになってくるのです。不思議なものですね。

とはいえ、家族の心を動かすのはそう簡単なことではありません。ご主人であれ、子供であれ、その声かけにこたえてくれるどうかは相手次第。気をつかって声かけをしても、相手が気持ち良く受け入れてくれないことも、きっとあるでしょう。しかし、こちらが「気づかせよう」としなくても、**家族が自分で気づけば良いのです。**家族は自ら考え、その人のタイミングでどうするか決めて、必要なら行動を起こすことでしょう。

わが家の長男もそうでした。いっこうに片付けをしなかったのに、あるときを境に急に片付け始めました。いまでは自分で方法やルールを確立し、片付けをしています。**自分で気付くこと、自分で決意してやり始めること**、それが本人にとって一番強力です。

【事例】　A・Iさん

我が家の中学生男子は、まったく片付けができませんでした。しかし、片付けスクールで学んだので、まず私が「片付けなさい！」と言うのをやめました。

息子には、「これと、これと、これを分けてね」とか、「ゴミだけは集めて」など、一つのことに絞って伝えました。私が掃除や片付けをするときも、本人のモノは勝手に捨てないで、まとめて端に置くようにしました。

根気強く、彼の片付けスイッチがどこかを探していたところ、息子がギターを始めます。好きなギタリストさんのYouTube動画を見て、どうも動画で見た机のきれいさに憧れたようで、突然片付け始めたのです。その方と同じようにはいきませんが、これまでモノが山積みになって使えなかった机と椅子が使えるようになりました。床の見えている面積も広くなりました。その後も、机と椅子はちゃんと使える状態を維持して、パソコンを開きながらギターを楽しんでいます。

片付けのゴールは、どこにある？

ここで一つ、あなたに考えてほしいことがあります。片付けのゴールは、何だと思いますか？ **片付けのゴールは、ストレスがないこと。** 片付けをするのは、ストレスのない暮らしをするためです。もちろん、部屋を美しく見せる目的もありますが、どちらをより重要視するかといえば、ストレスがないことでしょう。**片付することに固執してしまって、自分も家族もストレスを覚えるようなら、その片付け方は適切でないかもしれません。**

たとえば、リビングに家族の私物が置きっぱなしになっていて、散らかっているので片付けましょう、という状況を想像してみてください。それぞれの持ち物を各自の個室へ収納すれば、リビングからモノは減るでしょう。けれど、それがまたリビングに置かれるようになるなら、そのやり方は家族に適した片付け方ではない可能性が高いです。

お客様が来られるときだけは、リビングから私物を移動させて、モノを置かないようにする。けれど、ふだんは家族が便利な暮らし方を優先させる。そんな方法を採用しても良いのです。家族それぞれが使いやすい置き方があります。家族それぞれが思う「片付いた理想の状態」もあるでしょう。いろいろなやり方を試していきながら、程良く折り合いのつくところ、**「わが家にとっての理**

想の片付け方」を見出していきましょう。家族みんなにとっての**「優しい片付け」**を目指していきたいですね。

待つことの大切さ

我が家が引っ越しをしたときの話です。新居の廊下に、3～4か月置きっぱなしの段ボールがありました。これは、私以外の家族のモノで、他の荷物は引っ越してから2週間もしないうちにすべて片付けを終えています。残ったのは、その家族の分だけでした。

どうするつもりなのか、思いを聞かせてほしくて、「これってどうするの？」と尋ねると、引っ越しをして環境が変わったことのストレスと、その時点で段ボールから出したモノを整えるのとで精いっぱいだということが伝わってきたので、それ以上は何も言わずに待つことにしました。

私が手伝えそうなところは、「段ボールの中を見せてもらってもいい？ これ、あそこに入れたらいいと思うんだけど、私がやってもいいかな？」と聞いて、承諾を得た範囲で片付けに手を貸したこともあります。「これ、いつまで置いてあるのかな」とも思いましたが、「これは貴重なテストケースだな。いったいこれが、どのような経緯で片付くのだろう？」と興味深く見守りました。

あるとき、出張の予定が入り家を空けたときのことです。帰宅したら、廊下に並んでいた段ボールがなくなっています。家族はドヤ顔。聞けば、「誰もいなかったから、片付けできてしまった」とのこと。３〜４か月置きっぱなしだった段ボールの荷物が、数日で片付いてしまったのです。

そのときに、わかったことがあります。その家族には繊細な気質がありました。周りに人がいると、いろんな音や声が耳に入ってきて、集中するのが難しいのです。周りに影響されることなく、自分のペースで取り組める環境じゃないと、片付けができなかったのです。ですから、家に誰もいない状態になって、ようやく動ける環境が整い、一気に段ボールを片付けることができたのでしょう。

こういうパターンもあると知ってください。**気質や脳タイプ、特性によって、今は片付けをしたくてもできない状況なのかもしれません。**繊細な人、次々に新しいことに関心が向いて忘れっぽくなってしまう人、テンションが低めで動作もゆっくりと時間をかける人。相手が動かないでいるのには、**動かないなりの理由**があります。まずは、その理由について相手と話をすることをおすすめします。

「助けてくれる?」「手伝ってくれる?」。そう家族に声をかけたら、すぐに動いてほしい。つい期待してしまうし、それが叶わないと、「どうして動かないのだろう」と相手を責める気持ちにもなります。しかし、すぐに動かなかったとしても、相手が「何も考えていない」わけではないのです。**相手にも相手のペースがあるし、動くタイミングもあります。**時間がかかるケースや、周りに人がいない一人の状態だったら片付けができる、ということもあるのです。

たとえば子供。子供の持ち物が置きっぱなしになっていて、片付きません。

片付けてもらえるよう子供に声をかけても、「わかった」と返事ばかりで、いっこうに動こうとしません。「ぜんぜん動いてくれないな、家族みんなのこと考えてくれていないのかな」と、ガッカリしてしまいますよね。ただ、何も考えていなさそうに見えても、口ではとくに何も言わなくても、「どこへ片付けたらいいいだろう」「片付けるって何をしたらいいんだ?」と、頭の中では一生懸命考えているのかもしれません。

親としては「返事ばかりで、ぜんぜん片付けようとしないんだから！ すぐに片付けなさい！」と言いたくなるところですが、少し待ってください。今はまだ行動していなくても、行動するための準備をしている段階かもしれません。本人なりに折り合いをつけているところなのかもしれません。あるいは、それ以上に心を占めることがあって、片付けに向けるだけのエネルギーが足りていない状態かもしれないのです。

相手に「すぐしなさい！」と言ってやらせるのは、脅しです。恐怖で相手を動かそうとしていることになります。**脅しでやらされる片付けは、一時的にき**

れいになったとしても、また元の状態に戻りやすいです。相手が動かないとイライラするなら、相手に尋ねましょう。「何でやらないの！」と言うのでなく、「何か、片付けをしない理由があるのかな。もし良かったら、その理由を教えてもらえるとうれしいのだけれど」と、**困っていることがあるなら解決を手伝うよ、というスタンス**で相手に尋ねてください。

【事例】 S・Nさん

我が家の場合は、中1の次男以外、みんな捨てるのが苦手です。高2の長男は、「紙やノート類は、スペースをとっていつでも目に見えるように置いておきたい」等、マイルールがたくさんあるので、長男への声かけは工夫しています。「物がなくなると困るよねぇ？　必要なときにすぐに見つけられたら良いよね？」「お母さんが一緒に考えるから、どう置くか試しにやってみない？」「このやり方だったら、やりやすいような気がするけど、どう思う？　試してみる？」「今度の試験前までには、もう少し整理してあったら楽だと思うなぁ。やるなら声かけてくれれば手伝うよ」「今ならお母さん一緒にやれるけど、どうする？」

疲れているとやる気ゼロ、自分のタイミングで物事を進めたい長男。彼に声をかけるときは、様子を見ながら。今なら声をかけて良いかもと思うときに、やんわりと少しずつ伝えています。

長男は私が自分のために時間を使ってくれるのがうれしい、という特徴があるので、そこを全面的にアピールしながら、動き出すきっかけを作れるように声かけしています。

【事例】　Ｙ・Ｕさん

片付けを面倒くさがる長男。私が片付けを学び始めた当時は小学４年生だったのですが、少し反抗期に入ってきていたので、「面倒くさい」が先に立つ感じでした。そういうときは、無理強いしません。けれど、学期の変わり目など、節目節目で片付けをしておかないと、どんどんモノが増えていきます。だから、たとえば春休みに入った頃とか、片付けておかないといけない時期には、声をかけるようにしていました。声をかけると言っても、「次の学年のモノが来るから、スペースを空けておこうね」「前の年度で使っていたモノだけど、もう次の年には必要ないモノを出しておいてね」という程度です。単に「片付けよう」ではなく、ちゃんと片付けする理由を伝えるよう心がけました。

洋服も、衣替えの時期に声をかけました。洋服の片付けに関しては、長男は自分なりの基準を持っています。もともと持っている服の数が少ないこともあり、その点は楽かもしれません。

ただ、小さい頃に遊んでいたブロックや恐竜のおもちゃなど、思い入れがあるモノは手放すのが難しいようで、手放さずに残してあります。飾りたいモノはそのまま出してありますが、そうじゃないモノは箱の中へ。表に出ていなくても、残している、置いてあるという安心感があるようです。

事例のように、**家族が動き出してくれたときには、ぜひ「ありがとう」と感謝を伝えることを忘れずに。** なかなか片付かずにいたものが、ほんの少しだけだったとしても、協力してもらえて片付けが進んだのです。「すごい、片付けたんだね！　ありがとう！　助かったよ」「きれいになったね。お母さん、うれしいな。どうもありがとう」。

ほめるというと、どうしても「上から」になってしまいがち。**ぜひ同じ目線から**「ありがとう」と感謝の気持ちを伝えるようにしてください。

家族が動いてくれないときは、家族が自分で動き出すまで待ちましょう。**待つのは、相手の行動を受け入れること。**相手のペースを受け入れます、と相手を認めることなのです。

待つ時間は、どれくらい？

「片付けしつもん」をしたら、すぐに動き始めてくれるのではないか、そう期待したくなります。しかし実際のところは、動いてくれないことも多いでしょう。「家族が動き出すまで待つ。それが大切なのは、わかりました。では、いつまで待ったらいいのでしょうか」。残念ながら、こればかりは「わかりません」。声かけをしたら翌日には片付け始めた子供さんの例もあります。3～4か月の人もいれば、1年かかる人もいます。

どのくらい待つかは、「あなたがどれだけ片付けているか」によります。つまり、家族が動き出すまでにかかる期間は、あなたの責任範囲の片付けがどれだけ進んだか、あなたの片付けの進み具合が関わっているのです。

ご自分の片付けが進んでいないと、家族に片付けを呼びかけても協力を得にくいことを、再度肝に銘じておいてください。動かない家族は、いつまで待てば動くのか。それに一番影響を及ぼすのは、実はあなた自身。あなたの片付けの進み具合によって、相手が動き出すまでの早さが決まってきます。まず、ご本人の片付けが進んでいることが重要で、その速度がいかほどか、なのです。

それと同時に、どのくらい待つかは相手の状態にもよります。相手は「やってくれない」のではありません。頭の中ではどうしようかと考えていたり、気持ちが追いついてくるのを待っていたり、**あなたの目には見えていないだけで、相手の内面では片付けに向けてすでに動き出しているのかもしれません。**

あるいは、何かしらの出来事で落ち込んでいたり、忙しかったり、片付けどころではない可能性もあります。何か「できない事情」があって、片付けをする余力がない状態なのかもしれません。その事情が落ち着いたら、片付けにも心が向くようになるのではないでしょうか。**何かしらの事情があるときには、ある程度待つものと思っておくと良いでしょう。**

ただ、**その事情が「受験」ならば、受験が終わるまで待つのはおすすめしません。**ぜひ、片付けをしてしまいましょう。受験ともなると、受験する本人も見守る家族も、焦ったり落ち着かない気持ちになったりするもの。落ち着いて片付けに取り組めるような心境でない場合もあるかもしれません。つい「受験が終わってから……」と思いがちですが、先延ばししないほうが良いです。

思春期の子供に片付けを呼びかけて、無視や反発をされたというケースは多いですが、受験生ともなると「いつも通りではダメだ」「机の上や部屋をきれいにしないと」と思うのでしょう。受験とからめて片付けの相談をすると、子供が片付けに前向きになる確率が上がるようです。

机周りや部屋を片付けたら子供の成績が上がった、という報告もあります。部屋やデスクの様子は、頭の中の状態を表していると聞いたことはありませんか？　「身の周りが片付いたら、思考がスッキリして頭が回るようになりました」と、多くの受講生が体験談として話しています。片付けたことで、身の回りも頭の中もスッキリして、学習効率が上がったのでしょう。受験期の片付けに関しては、終わってからでなく、先にやってしまうことをおすすめします。

実家の片付けの場合は？

逆に**「待つ」のをおすすめしたいのが、実家の片付けです。**できれば早く手を付けたい。「親が元気なうちに……」と焦ってしまいますが、親御さんの側から「片付けたい」「片付けて」と言われるまでは、手を出さずに待ちましょう。

「親の年齢を考えると、そろそろ始めたほうが……」「全然片付いていなくて、つまずいて転倒しないか心配で……」とのお気持ちは、もっともです。けれど、こちらが「片付けたほうがいいんじゃない？」と言うほど、嫌がられたり反発されたりしませんか？

片付けスクールでは、受講生から「実家を片付けたいんですけど、どうするのが良いでしょうか？」と相談されたときには、「あなたが実家の片付けをしたいと思うタイミングで片付けをすることは、おそらく無理ですよ」とお答えしています。とりわけモノを大切にするよう厳しく育てられた昭和世代の親御さんは、捨てることへの抵抗感が大きいようです。**片付けるとなると、大切にしてきたモノを捨てなければいけないのかと、身構えてしまうのです。**

家にあるモノは、これまでの人生の歴史が刻まれたモノ。思い出や思い入れのあるモノは、そうそう手放せるモノではありません。「どれが大事？」と聞かれても、「全部大事！」なのです。

しかも、親御さんにしてみれば「この体力もおぼつかない自分に、そんなにキツイことをさせるのか」という思いにもなるようです。それでは、どれだけ必要性を訴えたとしても、わざわざ片付けようとは思いにくいですよね。

実家の片付けを、親が片付けたい気持ちになるまで待った例をご紹介します。私の実家の話です。それまで、片付けようとしていなかった母が、ある日突然、ガタガタと片付けを始めました。誰かに片付けるよう言われたからではありません。母が自分で動き出したのです。実家が片付いていないのは、私も気がついていました。しかし母の持ち物を片付けたり、母に片付けるよう声かけをしたり、そんなことは一切しませんでした。母が自分から「片付ける」と言うまで待つ、と決めていたからです。逆に、母には「捨てないでいいからね」「別に無理に片付けなくていいからね」と言っていました。

すると、本人が不安になったのでしょうか。「あなた、片付けの先生だから片付けてよ」と私に言ってきました。けれど私は、「いくら私のお母さんとはいっても、お母さんにとって何が大事かとか、聞きながらでないと片付けはできないから。私一人で勝手に片付けできない」と伝えました。もちろん手助けする心づもりはあります。けれど、**実家の片付けの主役は、そこで暮らす両親です。**母の片付けは、母に主体になってほしい。だから、そのときが来るのを待っていました。

その後、３か月ほど経った頃でしょうか。実家に行くと、部屋の扉があちこち開いています。「何をやっているの？」と尋ねたら、「片付け」と。母が自分で片付けを始めていたのです。お友達にどんどん着物をあげるなどしてモノを減らし、自分で片付けを進めていました。**時期が来るまで待てば、自分から動き出す**のだと、母の姿からも学びました。

とはいえ、ただ待つだけというのもつらいもの。ただ待っているだけではなく、何か親に働きかけられることはないか、ともよく聞かれます。ここでは、親御さんにできる働きかけとして、次の三つをご提案します。

①困りごとがないか聞く

床にたくさんのモノが置きっぱなしになっていないでしょうか。歩くときに邪魔になっていないか、通りにくくないか、使いたいときにすぐに取り出せるようになっているか、見つけるのに苦労はないかなど、**現状で不便さを感じて**

いることはないかを聞いてみましょう。片付けありきではなく、今の状態で困っていないか、不便はないか、親御さんがご自身でどのように思っているかを教えてもらうために、しつもんをするのです。

もし、現状のままでは不便だ、困っている、危険を感じている、ということに気づいたら、親御さんもそれを「何とかしたい」という気持ちになるかもしれません。そのままでいることのデメリット、片付けをして現状を改善するメリットを話してみるのもよいでしょう。ただし、**あくまで親御さんのペースで。**説得するためでなく、純粋に困りごとがあれば一緒に解決していきましょう、というスタンスで話をするようにしてください。

②「こうするのはどう？」という提案

親御さんが**「安全に暮らすため」に心配なこと**があれば、それを伝えて、親御さん自身はどのように思っているのか尋ねてみてください。そのうえで、「ここで転んだら危なそうだから、転ばないようにモノの置き場を変えてみない？」「これ、床に置いていると歩くときに邪魔になりそうだけど、困っていない？

邪魔にならないところに動かそうか？」と提案するのです。片付いていなくて、親御さんが実際に困っている。あるいは困るおそれがあるなら、一緒に解決していきましょう。

ここで心に留めておきたいのは、**必ず親御さんに聞いてから手を出すこと。**「手伝って」と言われたとしても、勝手に片付けてしまうのはＮＧ。親御さんは理由があって、そこに「置いている」のかもしれません。片付けずに置きっぱなしにしているのでなく、歩くときの支えにしやすいから、そこに置いているのかもしれないのです。モノを動かす前に、必ず親御さんに声をかけ、片付けても大丈夫か確認をするように心がけましょう。

そして、**少しずつ進めていくことも大切です。**一気に部屋を変えてしまうと、親御さんが混乱してしまうかもしれません。どこに置くのがいいか、親御さんと一緒に考えながら、短時間に少しずつ。親御さんの負担にならない程度の片付けを、段階を踏んで進めていきましょう。

③手元に置いておきたいモノだけを選んでもらう

今の自分の暮らしで、身の回りに絶対取っておきたいモノ、趣味のグッズ、あるいは残しておきたい思い出の品などを、本人に聞いて選びます。残ったモノは全部、どこかの部屋に集めてしまいましょう。捨てずに、その部屋に置いておく。**一つの部屋なり、スペースなりを倉庫のようにしてしまうのです。**もし何か取り出す必要があるときには、その部屋を探せばすみます。そして「万が一」の際にも、その部屋を片付ければ良いわけです。このやり方が可能であれば、親御さんの思い入れのあるモノは残しつつ、居住スペースのモノを減らして部屋を整った状態にしやすくなることでしょう。

片付けスクールの受講生の話です。実家の片付けのタイミングがわからず悩んでいたときに、あるとき親御さんが置きっぱなしにしているモノについての思い出を語り始めて、それをずっと聞いてあげたのだそうです。すると、**じっくりと聞いてもらえて気が済んだのか、あっさりと次々に手放し始めた、**という経験をお聞きしました。そんなパターンもあるのですね。

いずれにしても、大切なのは親御さん自身がどう考えているかです。客観的に見たら、片付けをしたほうが良いと思われる状態でも、本人が「これでいい」と言っているなら、「そうですよね。このままでいいですよね」と、相手の意向を受け止めましょう。

いずれ本人が「片付けないと、まずいのではないか」と感じ、自分で「片付けよう」と思い始めたときに、私たちはお手伝いできるように準備をしつつ、本人から「片付けたい」「やってほしい、手伝ってほしい」と言われるまで、そのときが来るのを待ちましょう。

ご主人に動いてほしい場合は？

ご主人に動いてほしいのになかなか動かない、という場合はどうでしょうか。それまで片付いていなかった家の中が、気づけば少しずつ片付いてきて、奥さまの動きや頑張りが見え始めてきます。そうすると、「自分も何かやらないとまずいかな?」と、**ご主人に焦りが生まれ始めます。**奥さまとしては、それを待ちたいところ。

男性の傾向として、実績を出してはじめて認めるところがあるようです。「片付けを手伝ってくれる?」と言うよりも、家の中にきれいに片付いた現実を作り出して、目の当たりにしてもらったほうが、ご主人へのインパクトは大きいかもしれません。奥さまが、先に片付けてしまう。それを見たご主人が「しまった、置いていかれた!」という気持ちになる頃合いを見計らって、家の片付けに「参戦」を呼びかけてみてください。

【事例】N・Hさん

夫が料理好きなので、夫の料理グッズコーナーを作ってみようかと先に伝え、お願いと言われたので私が整えてみました。とても喜んでくれたところまでは想像通りでしたが、夫がキッチンに立つ頻度が増えて、料理と洗い物はほぼ夫の役割となり、かなり助かっています。

また、カバンやヘルメットをその辺に置くことにいつも怒っていましたが、

「あの場所は置きにくいの？」と、夫の視点に立った質問ができるようになりました。私が怒ってないので、夫も売り言葉に買い言葉ではなく、真剣に答えてくれ、家族で一緒に居心地の良い家を作っていけているという実感があります。

今までは、お片付けは私が全部やらないといけないし、考えないといけないという気持ちでいましたが、家族の立場に立って考えて、「こうしたらやりやすい？」「どうしたい？」など、思いやりを持った声かけをすることで、家族全員の意見を得て、考えて、みんなで家を整えることができていると思います。

【事例】 M・Mさん

夫が、（鉄道関係の）コレクションボードを玄関の一番目立つところに置いてほしいと言っていました。私は「夫の趣味のモノを玄関に置くなんて」と反対していたのですが、スクールで習った通りにしようと思い、とびきり素敵なボードを買ってあげました。すると、それで満足したのか「やっぱり、これはここでなくていい」と、あまり目立たないところにお引っ越しになりました。

他のことも、一旦家族の要求を受け入れて、その通りにしてあげると、意外と「もうそこに置かなくてもいい」と言われることが何度かありました。こうして、みんなにとって心地良い空間ができ上がってきていると思います。

この章では、すぐに動かない人にはどうすればいいか、考え方や具体的な働きかけの方法をお伝えしました。「どうしてすぐに動いてくれないんだろう。ちゃんと言ったのに」「この日に片付けしてって言ったよね」。言う側は、「言ったら、相手に伝わる」と思い込みやすいです。**しかし言われた側は、そもそも言われたことを聞いていないかもしれません。**右から左に聞き流していて、言われたことさえ記憶にないかもしれないのです。

テーマパークコンサルタントである清水群氏の書籍、『なぜテーマパークでは朝から風船を売っているのか?』には、**何度も呼びかけることの重要性**について、例を出して書かれています。テーマパークでジェットコースターに乗ると、眼鏡や財布、携帯電話などを落とす恐れがありますから、それを防ぐために、「座席に座る前に、貴重品を必ず外してください」と、スタッフは放送で呼びかけます。はじめは、毎回一度だけ放送していました。ところが、お客様はなかなか行動してくださらない。そこで、放送の回数を増やすことにしました。

お客様が待っている間に、何回放送すれば呼びかけ通りにお客様が貴重品を外してくださるか。実験したところ、８回アナウンスしたら、お客様が呼びかけ通りに行動してくれる率がぐんと上がったそうです。**８回放送してようやく、すべてのお客様の耳に、呼びかけが届く確率が上がったのです。**一度言われただけで人が動くのは、まず「ありえない」ことだとわかる事例ですね。

とはいえ、何度もしつこく言い続けましょう、ということではありません。しつもんや声かけは一度でも良いのです。ですが、**その一度きりでは相手に届かないこともあることを、心のどこかに留めておいてほしいのです。**

「１回言ったのに！」「この前言ったのに！」と、よく怒っている方がいますが、言われた側にしてみたら「いや、聞いてないし」「覚えてないし」というところかもしれません。一度や二度言ったとしても、人は聞いていないし、納得もしないものですから。

はじめて聞いたときには全然ピンとこなかった言葉が、あるとき、突然実感を持って「ああ、そういうことか……」と理解できることがありませんか？

一度言われただけでは、わからないこともあります。聞いたその場ですぐに理解できることもあるし、理解できるまでに時間がかかることもあります。その人の心に届きやすいタイミングもあるでしょう。

機会を見て、そのつど呼びかけていきましょう。それが相手のタイミングと合えば、相手は動き出します。動かなかったとしても、今はまだそのタイミングではないだけ。**いずれそのときが来たら、動き出すことでしょう。**そのときがいつ来るかは、相手の状況に左右されるので、明確に「いつ」とは言えません。そのために「いったい、いつまで待てばいいのだろう……」と、待つのがつらく感じられるときもあるでしょう。ですが、変わろうとしない家族にイライラすることに、あなたの大切なエネルギーを費やすのはもったいないです。その時間もエネルギーも、まずはあなた自身の片付けに使ってください。そうすることで、あなたの心の余裕、待つ余裕も生まれて来ます。それを実感していただけたらうれしいです。

第6章

「片付けしつもん」は家庭を変える!

私自身も、片付けが苦手でした。子供が散らかしても「片付けて！」と、ただ怒るばかり。家も私自身も片付いていなかったし、家族にも片付けができる人はいませんでした。ですが、片付けを学んで私は変わりました。家の中を、どんどん片付けられるようになったのです。もちろん、家族への接し方も変わりました。**家族の事情や価値観も、大切にすると心に決めたからです。**まず私が心がけたのは、家族を責めないこと。「今は、片付ける気持ちになっていないんだな」「何か本人にもわからない理由があって、片付けられないんだろうな」。そう思うようになりました。家族にも、それぞれに事情があります。家族であっても、一人ひとり自分とは違う。家族の価値観を尊重しよう。そう思ったら自然に、家族が片付けをしなくても怒らないし、「片付けて」とも言わなくなりました。

片付けには優しさが必要

片付けというと、どこか厳しいイメージがありませんか？　片付けは、怒られるのとセットになっているイメージでしょうか。「何でやらないの？　片付けてよ！」と、責められるところから始まるのです。

たしかに、片付けができる人から見たら、「何でやらないの？　こうすればいいだけじゃない」「出したモノを元に戻せばいいだけでしょう。それなのに、どうしてできないの？」というところでしょう。けれど、それができないから困っているのです。

片付けの仕事をしていて感じるのは、**片付いていない人への優しさがない家庭が多いな、**ということ。できていないことを責め、厳しく接することが多いように感じます。ですが、片付けは厳しさをもって実践するものではありません。**片付けに大切なのは、「優しさ」**ではないでしょうか。

家を片付けたかったら、家族に対して優しい気持ちを持つことが必要です。自分と相手は違うのです。違うのに、同じになれというのは無理があります。

たとえるなら、猫が犬に対して「猫になれ」と言っているようなもの。犬は、猫にはなれません。けれど私たちは、それくらい無理な要求を家族に言ってしまっているのです。**片付けに対する考え方も、大切に思う価値観も、行動するまでのスピード感も、人それぞれです。**まずは、自分と相手は違うのだと認識すること。そして、相手との違いを尊重することが大切です。

いくら言っても片付けられないのは、わざと片付けていないのではありません。片付けられないのには、ちゃんとその人なりの理由や事情があります。ただ、自分ではそれが何なのか、まだハッキリとわかっていないだけ。本人だって「どうして片付かないのだろう」「なんでできないの？」って、こっちが知りたいんだけど！」と思っているものなのです。そこに気付いて理解を示すこと。**相手を理解することは、相手に対して優しくなれるポイントを見出すことにもつながります。**

家族がずっと片付けたくなるしつもんを

片付かないのには、その人なりの理由があるとお伝えしました。その理由を知り、相手を理解しようとすることは、とても大切です。ですが、理解しようとするために、「じゃあ、なぜ片付けないの？」「どうして片付けられないの？」と聞くのは、相手にすれば問い詰められ、取り調べを受けているような気持ちになってしまうと思いませんか？　聞かれる側にとっては、ストレスになりますよね。片付かない理由を問い詰められて、「わかってくれてうれしい。片付けをがんばろう」とはならないはずです。

片付けられない理由を聞くなら、原因を追及するよりも、相手の気持ちを聞くことに強く意識を向けるようにしましょう。せっかく、しつもんするのです。家族が片付けに前向きになれるようなしつもんをしたいですね。ここでは、相手の気持ちを聞くのとセットにしたしつもんをお伝えします。

①しつもんを提案とセットにして、相手の気持ちを聞く

私たちが片付け指導をするときには、アドバイスをするだけでなく、必ずお客様の気持ちを確認するようにしています。私たち講師の提案が王道の方法だったとしても、お客様にとっては正解ではないことが多々あるからです。**本人が、学んだやり方にしっくり来ていないと、それは続かないですし、リバウンドもしやすいです。**ですから、私たちは必ず提案とセットで、お客様の気持ちを伺うように心がけています。

たとえば、収納方法のアイデアを、「こういうやり方はどうですか？」と提案した後に、「やりやすいですか？」「楽にできますか？」としつもんをします。そのやり方でスムーズにできそうと感じているか、お客様の気持ちを確認するのです。私たちがオンライン片付けサポートをＺｏｏｍで行っている理由は、お客様の表情が見えるから。表情を見て、お客様が「うーん」という表情をしているときは、「やりにくいと感じているのかな」と推測できます。

画面越しに見てわかるときは、すかさず「何かやりにくそう、やりにくいな

と感じる部分はありますか？」「やりやすいですか？　実行できそうですか？」「それをやるのに、気持ちは軽いですか？　重い気持ちになりますか？」など、しつもんをします。しつもんしながら、お客様にとってより納得がいく、やりやすい方法を、お客様と一緒に見つけていきます。そうしたやり取りを通して見つけた方法だけに、お客様は実践しやすいですし、継続しやすいようです。

ご家庭で片付けをするときにも、家族の気持ちを確認しながら進めていきましょう。**とくに気持ちを聞きながら進めていただきたいのが、子供です。**「これだったら、楽しくできそう？」「うれしい？」「お人形さん、喜びそう？」など、こまめに気持ちを確かめながら、一緒に片付けを進めていきましょう。

子供は、お母さんに「こうしてみたら？」と言われると、自分ではしっくり来ていなくても、「お母さんの言うことだから、その通りにしなきゃ」と、自分の率直な気持ちを飲み込んでしまいやすいです。たとえ本人が「これは捨てる」と言ったとしても、**どんな気持ちでその言葉を言っているのか、ぜひ察してあげてください。**もちろん、本当に捨てたくて捨てるのかもしれません。しかし本音のところは、捨てるのは悲しい。「捨てなさい」と言われたから「捨てる」と言った、というケースも十分にありえるわけです。「それは大丈夫？　悲しくない？」「つらくない？」という感じで、ぜひお子さんの心の声に耳を傾けてあげてくださいね。

②片付けた先の未来を想像できるしつもん

片付けた先の未来が、想像できるしつもんもおすすめです。

「お友達をいつでもお家に呼べるように片付けをするとしたら、まずどこからやるかな？」「ダイニングテーブルの上を片付けてスッキリしたら、どんなことをしたい？」

片付けてきれいになった空間で、どんなことがしたいのか。そのワクワクや楽しみを感じられると、片付けを頑張ろうという気持ちも大きくなります。もしかしたら、家が散らかっているからと、断念した夢があるかもしれません。できたらいいなと憧れていたことも、片付いた家だったら実現できるかもしれません。

お部屋を、家をきれいにできたら、どんなことをしてみたいですか？ 片付いた先にはきっと、「素敵な未来」という「ごほうび」が待っていることでしょう。

③相手の可能性が広がるしつもん

片付けができたその先には、今の自分には想像もつかないような未来が広がっているかもしれません。**片付けが、自分や家族の可能性を広げる。そんな都合の良い話が、本当にあるのです。** 片付けスクールの受講生たちにも、実際にそのような経験をしている方がたくさんいます。

「家が片付いてきれいになったら、たとえば、どんなことをしてみたい？」「本当はこんなことがしたかったとか、ある？」などと、家が片付くことで相手の可能性が想像できるようなしつもんを投げかけてみましょう。

「そうそう、それをやりたかったんだよね」という思い、相手の意識の奥に潜んでいる**「本当にやりたいこと」**を引き出すお手伝いです。

しつもんをされると、相手は考えます。「どんなことをしたいのかな？」「綺麗にしたら、自分はどうしたいのかな？」と考えているうちに、ふと「そういえば、家に友達をたくさん呼んで、お茶をしたかったんだ」「自宅サロンを運営してみたいと思っていたな」「好きな人を呼んで、部屋で一緒にくつろぎたい」などと、口には出さなかったけれど、心のどこかにあった願いが、言葉になって出てくるかもしれません。

それは、家族も同じです。**それぞれに未来を意識した言葉が出てくるようになったら、しめたもの。** 片付けのスピードアップが望めます。もちろん、他のしつもんのときと同じようにタイミングが大事ですが、家族がずっと片付けに興味を持ってくれて、楽しみながら片付けてくれるしつもんをしていきましょう。

片付けしつもんで、コミュニケーションのある家族へ

結婚してから何年も経ち、子供も大きくなって、家族としての年数を重ねる

うちに、家族の間でコミュニケーションを取ることが減ってきていないでしょうか。わざわざ相手を褒めるとか、わざわざ相手の言うことを丁寧に聞くということをしなくなってはいませんか？　もしそうなっていたら、必然的にコミュニケーションをとる機会も減ってしまいがちです。

家の片付けについても、同様です。片付けについてコミュニケーションをする機会が減っていないでしょうか。一方的に相手を責めるばかりで、相手の思いや事情に耳を傾けようとしていない。そういう家庭も少なからず見受けられます。たとえ会話がなくなってしまった家族の間でも、**会話のきっかけにしやすい話題が、片付けです。**家の片付けは、家族みんなに関わること。片付けをきっかけに、家族のコミュニケーションを取り戻していきませんか？

たとえば、今まではモノが床に落ちていてもスルーしていたのに、家族が気付いて片付けてくれたとします。それを見逃さずに、感謝を伝えてください。たとえ小さな行動であっても、しっかりと「ありがとう」を言いましょう。

片付けでも何でも、自分の行動を認められて褒められると、さらにやる気になるもの。逆に、せっかく行動しても認められないし褒められもしなければ、持続しません。

子供は、とくに顕著です。ママが見てくれているというだけで子供はうれしいですし、はりきって取り組みます。「片付けられたね。お部屋がきれいになったね。ママ、うれしいな。どうもありがとう」などと伝えたら、子供たちはもっと頑張って片付けますよね。

認められてうれしいのは、子供だけではありません。大人だって、やはりうれしいもの。運営している片付けスクールでは、スクール生と講師との間でメッセージのやり取りをしています。スクールでは具体的な片付けの方法を教えていますが、同時に内面の変化を促す取り組みも行っています。グループメッセージでのやり取りも、その一環です。

たとえば、片付けに取り組んだスクール生が「キッチンの食器棚を片付けてみました!」とグループに報告したとします。すると、「忙しい中で、よくがんばりましたね！」と同期のスクール生や講師から、ねぎらいや称賛のメッセージが次々に寄せられます。先生が褒めるだけではないのです。スクール生同士、褒めて、褒められて、お互いに承認し合うのです。

片付けができていない方は、自己肯定感が下がっていることが多いです。しかし、**取り組みを認め合い、お互いに褒め合う環境にいると、自己肯定感も上がってきます。**何より、相手を褒めるという能動的な行為が、その人自身の心も豊かにするのです。

夫婦の間、親子の間では、つい相手を尊重することを忘れがち。話を丁寧に聞いたり、丁寧に話をしたりしながら、相手を尊重する姿勢を、ぜひ「まずは自分」から取り戻して、実行していきましょう。

家族を巻き込んで仕組み化しよう

しつもんの利点の一つに、**相手を巻き込める**ことがあります。しつもんを通して丁寧に家族の気持ちに耳を傾け、コミュニケーションをとっていきましょう。楽しく、自然に、家族を巻き込んでいくのです。コミュニケーションがとれるようになると、家の中の雰囲気が変わっていきます。それまでは、「これ、誰が片付けるの？　僕のじゃないよ！」と責任を押し付け合っていた片付けが、「片付けるのを忘れているんだね」「代わりにやっておいてあげよう」と、家族みんなに共有されて、**お互いがお互いを助けられるようになっていくことでしょう。**

とくに私がおすすめしているのは、**片付けの仕組み**を作ること。モノの置き場所や片付けの仕方を、仕組み化して家族みんなに共有して、常にわかるようにするのです。お母さんが家にいなくても、家族は「〇〇は、この場所に置いてある」と、みんながわかっている状態ですね。そうしておくと、もしお母さんの帰りが遅くなる場合でも「いいよ、大丈夫だよ」と、他の家族が協力して家のことができるようになります。

ＳＤＧｓ的に言うと、「所有」から「シェア」。**これは誰の役割とか、これは誰のテリトリーだから、というのではなく、モノも役割も、みんなで協力して担うということです。**そのためにも、お互いを尊重し、お互いを認め理解し合うコミュニケーションを家族間で増やしていきましょう。片付けが、その良いきっかけをもたらしてくれると、私は確信しています。

片付いた環境は、未来への時間を作る

「部屋が片付いたら、やろうと思っていることができるようになりました」。片付けが進んできて、いつの間にか自分の夢の実現に向けて行動し始めていたと、ご自身の変化に気づき、笑顔で報告してくださる片付けスクールの受講生がいます。それも、一人、二人の話ではありません。**部屋が片付くと、時間ができます。**なぜなら、モノを探す時間が減るから。モノを探すのに使っていた時間が不要になる分、時間にゆとりが生まれます。

それだけではありません。**心にも余裕ができてきます。**「それ、やらなきゃ」「ここ、片付けなきゃ」と、気にかかっていたことがなくなり、自分のことが考えられるようになるのです。

しかも、私がお伝えしている片付けのメソッドでは、まず**「あなたは何が大切ですか?」**と自身の価値観を問うところから始まります。片付けに入る前に、「あなたは、この部屋でどんなことをやりたいのですか?」と尋ねます。受講生は、しつもんをされて考えます。「私の価値観って何だろう」「そうか、私は、こういうことをしたいんだな」「私は、こういう未来がほしかったんだな」と、自分が何を大切に思っているか、本当にしたいと思っていたことは何か、**自分の価値観や願い**に気づいていくのです。

私の経験ですが、片付けをきちんと習慣にできる前は、とても忙しくしていました。夕飯後、お皿を食洗機に入れた後も、常に何かを探していましたし、「あー、あれを片付けないと」と、時間があればゴソゴソ。いつも慌ただしく、余裕がない時間をすごしていました。しかし、**片付いてきてからは、夕食後に時間があるのです。**夕飯を済ませて、お皿を食洗機に入れたら、「もうやることがないな、何をしよう？」という感じに。そこで、空いた時間に資格試験の勉強をすることにしました。ちょうど家業の関係で、ある資格を取る必要があったのです。私自身の仕事も、家のこともやっていて、なおかつ試験勉強にあてる時間まで「ふつうに」確保できたのも、**家の片付けに時間を取られずに済んだから**でしょう。未来のために時間を作れた成功事例ではないでしょうか。

また、起業された方が、なかなか仕事が前に進まず悩んでおられましたが、その方も片付いてきたら仕事がはかどるようになったと報告してくださいました。**雑多なことに思考が奪われなくなるので、仕事にも集中しやすくなるのです。**

他にも、こんな報告が。

- **家には絶対に人を呼ばなかったけれど、**お友達を家に呼べるようになった
- **部屋を片付けた直後に彼が尋ねてきて、**「きれいにしているね」と褒められた

・子供の机周りを片付けたら、子供の成績が上がった

片付くと思考がクリエイティブになる

家が片付いていると、自分が次にやりたいことをする余裕と時間ができます。**部屋の中にゆとりができるだけでなく、頭の中にも余裕ができるのです。**片付けをして「思考がスッキリしてきた」と言われる方は多いです。思考がスッキリして混乱がなくなるからでしょうか。不思議なことに、**片付く前と後では話し方がガラッと変わる方もいらっしゃいます。**

傾向として、片付いていない人ほど、聞かれたことに対する返答が長いように感じます。聞かれたことにシンプルに答えることはなく、前置きの話が延々と続くのです。もしかすると、片付かないうちは頭の中も整理されていないので、話の内容もスッキリしないのかもしれません。

片付かないときや、溜め込んでしまったモノを手放せずにいるときは、意識は過去を向いています。**過去を見ていると、使っていないモノや、大事ではな**

いモノまで手放せないのです。話をするときも同様なのでしょう。要点だけに絞って話をすることが難しく、どうしても「あれも必要、これも必要」と話を絞りきれず、結果的に長くなってしまうのです。片付いてくると、今の自分に必要なモノだけになります。頭の中も整理されて、余裕ができるからでしょうか。話もスッキリ、明解になります。

片付いた環境は、クリエイティブな環境でもあります。家が整うことで、今の自分への満足度が高まりますし、自然と先を見るようになります。「次はどうしたい」「１年後、数年後はこうしたい」と、未来を見られるようになるのです。片付いた環境づくりを通して、あなたや家族に、未来への時間を作り出していきませんか？

家族それぞれの人生が輝く片付けを

片付けができていることには利点が多いと、お伝えしてきました。ただ、**一方的な進め方でする片付けは避けてほしいところ。**たとえば、お母さんが一人で片付けの方針を決めて、家族はそのやり方に従うなど、いくら家が片付いたとしても、家族には窮屈に感じられることでしょう。

しかし、意外にこれは「あるある」なのです。とくに家の片付けの場合、お母さんが理想に思う片付け方を優先させがち。家族で話し合うことなく、一方的に理想を押し付けるやり方をとっているご家庭は、しばしば見られます。

お母さんからすれば、「そうでもしないと、家の片付けが進まない！」と、リーダーシップを発揮して、頑張って進めたというところでしょう。その気持ちはわかるのですが、家族にとっては「お母さんが勝手にやり方を強制してきた」と感じているかもしれません。

片付け会議をしませんか？

家族の誰かは満足だけれど、他の家族は不満という片付けは避けたいもの。そのために私から提案したいのが、**「片付け家族会議」**です。家族に「片付けしつもん」をし始めると、家族それぞれ、片付けたいモノや片付けしやすい方法が違うのだと必ず実感します。**家の片付けだからといって、どれか一つの方法に限定する必要はありません。**一人ひとり、脳タイプも違えば身長や利き手も、好みの部屋イメージも違うのですから、まずはお互いの違いを受け止め、認めることから始めてみませんか。違いを認めることで、家族それぞれが生きやすくなっていきます。お互いの意見を聞いて、ではどうすればみんながより快適に暮らせるか、トライアルを重ねていきましょう。

会議といっても、難しいことをする必要はありません。「そろそろ衣替えの時期だけど、いつやる？」「この前、カギの置き場所を変えたじゃない？　やってみてどうかな？」「キッチンの食器棚、この前みんなに言って収納の仕方を変えたけど、どうかな？　大丈夫？　使いにくくない？」「洗面所、変えたいところとか使いにくいところ、ある？　ここをこうしたい、とかあるかな？」などと、家族の意見を聞いてみてください。

片付け家族会議は、平和な場です。何か至らないところを指摘し、問い詰めるような場ではありません。**家族みんながすごす家を、より使いやすく暮らしやすくするためのあたたかい場。**お互いの気持ちを知り、どうしたらより良くしていけるか一緒に考える、優しい場にしていきましょう。

かつての私は、片付けが苦手だったと

書きました。家の中は片付かないし、子供が散らかしてもただ怒るばかり。しかし、片付けを学んで変わった私のことを、息子はこう言いました。「お母さんの中に、宇宙人が入ったのかと思った」とか、「お母さんに、他の誰かが憑依したのかと思っていた」と。それほどの変わりぶりだったようです。

私が変われたのは、片付けを学んで「自分と家族とは違うのだ」と痛感したから。たとえば脳タイプで言えば、私は左脳優位なタイプ。旅行に行くときは、1週間前から徐々にスーツケースに荷物を詰め始めたいタイプです。「ちゃんと」準備を進めておきたいのですね。ところが、右脳優位なタイプの方に聞くと、前日に「そういえば、明日から旅行だ。ま、財布があれば最悪なんとかなるか」と思うのだとか。右脳タイプの方の話を私が驚きの表情で聞いている横で、同じ右脳タイプの方々は「うんうん」と、うなずいているではありませんか。あの驚きは、今でも忘れられません。私が勝手に誰かのことを怠けていると思っていただけで、私にとっては「問題」に感じることも、相手にとっては何の問題でもなかったという、**価値観の違い**だったのだと、そのときにわかりました。

脳タイプ一つをとっても、自分と人はまったく違います。そのことを理解できたおかげで、家族に対する私の意識が変わりました。私以外の家族は、夫も子供も右脳優位なタイプなのです。怒るのは意味がないと知りました。「なるほど、脳タイプが違うのか。しかも価値観もそれぞれ違う。相手が自分と同じでないのも当然。自分の常識は、他人の常識ではないのだ」と、しっかり自分自身に落とし込むことができました。

以前は、「なぜ、ちゃんと片付けてくれないの？」とプリプリ怒っていたのですが、悟りを開いたかのように諦めがつきました。それからは家族が片付けをしなくても怒らないし、「片付けて」とも一切言わなくなりました。**家族の価値観を認めて、応援してあげられる自分に変わりました。**

この話をお伝えしても、もちろんすぐには納得できない方もいるかと思います。自分を変えようなんて「なんだか修業みたい」と感じる方もいるかもしれません。**家が片付くようになるために必要な視点は、相手の立場、第三者の立場で物事を見る視点です。**「どうして片付けてくれないの！」と腹立たしく感じたら、いったん深呼吸。相手の事情や気持ちにも目を向けてみましょう。自分で決めつけてしまう前に、まず相手にしつもんしてみませんか？

「片付けしつもん」で相手の気持ちを聞き、相手に寄り添う片付けをしていくうちに、片付けの意味合いが変わっていきます。**孤独な作業だった片付けが家族の共同作業に、家族の関係性を育むコミュニケーションの場になるのです。**片付けは家族でケンカをして、つらい思いをしながら進めるものではありません。家族のうれしい未来を作ること。家族一人ひとりの人生を輝かせる、幸せな方法なのです。「片付けしつもん」は、そのきっかけを作り出してくれます。「片付けて！」と言いそうになったら、まず一呼吸。**しつもんをして、相手の気持ちを聞いてみましょう。**

おわりに

「それ本当に、あなたに必要なモノですか？」

片付けサポートをするときに、いつもお客様に尋ねることがあります。「これは、どうしてここに置いているのですか？」と。お客様は、一様にビックリされます。「どうして、って何となく……」「そんなこと、考えたことなかったです」

そうなのです。私たちは「何となく」置いてしまうのです。ですが、その「何となく」をやめて、**片付ける場所に意味を持たせると、部屋は途端に片付き始めます。**

家族にしつもんをしてみてくださいと、何度もお伝えしました。家族だけでなく、**ぜひあなた自身にも、「これは、なぜここに置いているのだろう？」と、しつもんをしてみてください。**

何を大事にするか、何を残すか。モノについて自分に問いかけられるようになると、決断できる範囲が広がっていきます。モノから情報、自分がやりたいこと、やるべきタスク、理想の環境、仕事など、**人生全般へも問いかけができるようになります。**この家、この部屋、ここに置かれているモノが、あなたや家族の「未来の暮らし」を彩ると考えたら？「それは本当に、あなたに必要なモノですか？」「本当は、どうしたいですか？」

片付けは暮らしの基盤であるとともに、心の基盤でもあります。**片付いた空間は、心も健康にしてくれます。**どんな空間で一生を暮らすのか？　片付けは、家族みんなのうれしい未来、素敵な暮らしを作り出してくれます。

本当はどうしたいのか。心のどこかでは思っていても、自分ではなかなか気づけないもの。ですが、聞かれると出てくるのです。だからこそ、しつもんなのです。「なぜ、それをしているのかな？」「それは本当に、自分に必要なのかな？」「本当は、どうしたいのかな？」。ぜひ、しつもんをして、本当の気持ちを聞いてみてください。

この本を書くにあたり、編集の佐竹美香さん、書籍作りに関わってくださった戸田美紀さんには、忙しい私に合わせて段取りよく進めていただきまして、感謝しております。書籍の引用に快諾してくださった龍仁ひとみ様、清水群様にも、ここで感謝の気持ちを述べさせてください。また、各章に入れました事例に関しては、私自身のことだけでなく、片付けスクールの講師や受講生にも協力をいただきました。

石田綾香さん、石橋綾子さん、糸井実和さん、いわもとみはるさん、畦幸恵さん、梶原希美さん、金島晶子さん、かんだちはるさん、けんもつみほさん、高橋幸子さん、ちばりえさん、富崎由香さん、とやまひろみさん、なかじましほさん、はやしなつみさん、広瀬けやきさん、間瀬美穂さん、森田あゆみさん（あいうえお順）には、ご自身のプライベートなことにもかかわらず、快くご協力いただき本当にありがとうございました。

環境が変われば、思考が変わります。思考が変われば、世界が変わります。片付けた先には、住まいも人生も人間関係も、上質な暮らしが待っています。あなたは、どんな空間で人生を輝かせていきたいですか？　家族とともに、どんな空間で暮らしていきたいですか？　**自分にも周囲へも優しい片付けが、幸せな「未来の暮らし」を作り出します。**本書がその助けになれば幸いです。あなたやご家族の人生がますます輝くよう、心から願っています。

さらに片付けしつもん術を知りたくなった方へ、「片付けしつもん　相手別〝100〟のしつもん集」を用意しました。ぜひ、左のQRコードからご覧になって、しつもん術を磨いてみてくださいね。

伊藤　かすみ

https://online-okataduke.com/tokuten1

伊藤かすみ（いとう・かすみ）
オンライン片付け専門家。広島県福山市出身で、現在は東京と広島のデュアルライフを送る。住宅会社で20年間インテリアコーディネーターとして勤務した後、資格取得をきっかけに片付けの仕事をスタートする。セミナーやサポートの受講者数は延べ1千名。メールマガジンは2万4千人を超える読者がいる。片付け事業の売り上げは年商2億円。著書に、「一生散らからない！飾るだけ片付け術」（ぱる出版）。

自然《しぜん》と家族《かぞく》が整理《せいり》しはじめる、魔法《まほう》の片付《かたづ》けしつもん術《じゅつ》

2024年11月18日　初版発行

著者　伊藤かすみ
発行者　和田智明
発行所　株式会社ぱる出版

〒160-0011　東京都新宿区若葉1-9-16
03(3353)2835—代表
03(3353)2826—FAX
印刷・製本　中央精版印刷(株)
本書籍に関するお問い合わせ、ご連絡は下記にて承ります。
https://www.pal-pub.jp/contact

© 2024 Kasumi Ito　Printed in Japan

落丁・乱丁本は、お取り替えいたします

ISBN978-4-8272-1483-3 C0077